EXTRAIT DE *LA REVUE MARITIME ET COLONIALE*

VOYAGE D'EXPLORATION

DANS LE

HAUT MARONI

GUYANES FRANÇAISE ET HOLLANDAISE

Par les Membres de la Commission Franco-Hollandaise

MM. VIDAL, lieutenant de vaisseau, président ;
RECH, docteur en médecine, chirurgien de la marine de
2º classe ;
BOUDET, lieutenant en 1ᵉʳ d'artillerie de marine ;
RONMY, lieutenant en 1ᵉʳ d'infanterie de marine ;

MM. le baron VAN-HERDT, officier démissionnaire de la marine
hollandaise ;
CATEAU VAN ROSENVELT, officier d'infanterie coloniale ;
KŒPPLER, agent du gouvernement hollandais auprès des
populations indigènes.

(Septembre à novembre 1861.)

DEUXIÈME ÉDITION

PARIS

CHALLAMEL AINÉ, LIBRAIRE-ÉDITEUR

5, RUE JACOB, ET RUE FURSTENBERG, 2

1882

VOYAGE D'EXPLORATION

DANS LE HAUT MARONI

—

GUYANES FRANÇAISE ET HOLLANDAISE

—

VOYAGE D'EXPLORATION

DANS LE

HAUT MARONI

GUYANES FRANÇAISE ET HOLLANDAISE

Par les Membres de la Commission Franco-Hollandaise

MM. VIDAL, lieutenant de vaisseau, président ;
RECH, docteur en médecine, chirurgien de la marine de 2ᵉ classe ;
BOUDET, lieutenant en 1ᵉʳ d'artillerie de marine ;
RONMY, lieutenant en 1ᵉʳ d'infanterie de marine ;

MM. le baron VAN-HERDT, officier démissionnaire de la marine hollandaise ;
CATEAU VAN ROSENVELT, officier d'infanterie coloniale ;
KŒPPLER, agent du gouvernement hollandais auprès des populations indigènes.

(Septembre à novembre 1861.)

DEUXIÈME ÉDITION

PARIS

CHALLAMEL AINÉ, LIBRAIRE-ÉDITEUR

5, RUE JACOB, ET RUE FURSTENBERG, 2

1882

VOYAGE D'EXPLORATION

DANS LE HAUT MARONI

On a déjà parlé dans la *Revue* (1) d'un voyage qui a été entrepris à la Guyane, au mois de septembre dernier, par une commission mixte franco-hollandaise, pour explorer le Maroni et ses affluents supérieurs. Voici le rapport qui a été adressé au gouverneur de la Guyane française, en date du 29 janvier 1862.

Il y a environ un siècle (de 1750 à 1775), l'attention du gouvernement colonial de la Guyane française s'était fixée avec intérêt sur le Maroni. A cette époque, en effet, plusieurs bandes de nègres marrons de Surinam faisaient de ce fleuve le théâtre de leurs incursions. Fuyant les poursuites actives que le gouvernement de la Hollande organisait pour les réduire, leurs hordes effarouchées étaient venues chercher un asile sur les bords de ce fleuve, où la nature avait multiplié les obstacles de façon à les garantir contre toute attaque.

Plusieurs années d'une guerre de sacrifices et sans résultat n'avaient abouti qu'à donner aux esclaves le sentiment de leur force au milieu de leurs bois, qu'à accroître considérablement chez nos voisins la contagion du marronage. En entreprenant une guerre aussi difficile et hasardeuse, on avait forcé ces bandes, d'abord isolées, à se grouper dans le but d'une commune défense ; on avait constitué, sous des impressions de haine et de crainte, une peuplade qui pouvait devenir redoutable dans l'avenir.

(1) Voir la *Revue maritime et coloniale*, t. IV, p. 332 (n° de février 1862).

Après une lutte pleine de nobles efforts, le maître sentit son impuissance à réduire ses anciens esclaves, et la guerre active fut remplacée par le projet d'un cordon militaire qui maintiendrait les esclaves encore soumis, en même temps qu'il préserverait la colonie des incursions dangereuses des nègres révoltés.

Cependant un semblable événement, qui mettait en péril l'avenir d'une colonie prospère, voisine de la nôtre, ne pouvait passer inaperçu du gouvernement de la Guyane française. N'y avait-il pas tout à craindre de l'entraînement d'un pareil exemple? Déjà sur le Maroni plusieurs bandes en désordre étaient venues s'établir sur notre territoire, menaçant ainsi la sûreté de nos habitations. La question était du plus haut intérêt; son importance, d'abord vivement sentie par les habitants, ne tarda pas à être comprise par le gouvernement français. Des documents furent réclamés sur les lieux, et, de leur examen, naquirent deux projets puisés dans des ordres d'idées directement en opposition, et qui devaient par leur lutte jeter un nouvel intérêt sur la situation. Essayerait-on de donner asile à ces nègres révoltés, en se servant, pour les attirer à nous, de ce puissant moyen qui consistait à reconnaître leur indépendance, par le seul fait de leur introduction sur notre territoire? ou bien, au contraire, devait-on se mettre en garde contre eux, à l'aide de mesures de répression et d'action militaire qui les chasseraient de nos possessions?

De ces deux projets, le premier surtout avait trouvé en France de chauds et puissants partisans; des renseignements exagérés avaient porté à 20.000 le chiffre des nègres réfugiés; pour des esprits déjà, à cette époque, préoccupés de la nécessité ultérieure de renoncer à l'esclavage, n'était-ce pas là, en effet, une belle occasion d'assurer à la colonie un noyau de travailleurs libres, à l'aide duquel on s'acheminerait facilement et sans secousse vers l'émancipation dont l'avènement était déjà prévu? En opposition avec ce premier projet tout d'imagination, des esprits plus circonspects faisaient ressortir les dangers d'une pareille entreprise, et réclamaient, au contraire, des garanties pour maintenir et sauvegarder l'état des choses, tel qu'il existait, contre ces nouveaux ennemis.

Avant de se prononcer, il fallait examiner la situation, et ce fut dans ce but que M. l'administrateur Malouet reçut, en 1774, mission du roi de recueillir sur les lieux les documents propres à éclairer la question, en se pénétrant de l'opportunité d'adopter l'un ou l'autre projet.

Pour des raisons que M. Malouet fait parfaitement ressortir, on abandonna le premier comme dangereux et délicat dans l'application, et on ne jugea pas non plus à propos de se prémunir, par des mesures trop dispendieuses, contre des événements qu'il n'y avait pas grand lieu d'appréhender. Malgré cette condamnation, qui avait à cette époque des raisons bien légitimes, l'idée avait été mise en avant de la possibilité d'utiliser ces bras robustes et oisifs, des obstacles sérieux en avaient arrêté la réalisation ; l'avenir n'amènerait-il pas de plus grandes facilités pour atteindre ce but ?

A l'époque où M. Malouet recueillait ses documents, le Maroni n'était que fort peu connu ; les excursions militaires du capitaine Stondman, du côté de cette rivière, ne s'étaient pas étendues au delà d'une limite assez voisine de l'embouchure, et, du côté de la France, aucune tentative d'exploration n'avait été faite dans cette direction. C'eût été, sans doute, l'occasion de se livrer à quelques recherches sur ce fleuve, le plus important des deux Guyanes par le volume de ses eaux et l'étendue de son parcours. Quelles étaient les ressources du terrain qu'il baigne ? Quelle était la direction de son cours ? De ses nombreux affluents, quel était le principal ? Où était enfin la limite des deux colonies ? Mais les difficultés naturelles qu'on savait devoir rencontrer se trouvaient, à cette époque, grossies par la présence, sur cette rivière, de ces peuplades encore sous le coup de leur rébellion, et il eût été dangereux si ce n'est impossible d'entreprendre un semblable voyage.

Comme nous l'avons dit, lassé de ces guerres continuelles, où les plus nobles efforts, les plus grands sacrifices se brisaient sans résultat contre les obstacles matériels, à l'aide desquels la nature a fait de ces lieux d'admirables retranchements, le gouvernement hollandais reconnut, sous certaines conditions, l'indépendance de ces peuplades, et le Maroni, pacifié, retomba dans le plus complet oubli. Depuis cette époque, les annales de la colonie française font à peine mention de ce fleuve, tandis que le gouvernement de la Guyane hollandaise ne s'en occupe que pour maintenir de tous ses efforts ces peuplades qui s'établissent presque en maîtres sur ses rives, où l'Européen, pensent-ils, viendra difficilement leur dicter des lois.

Cet état de choses, qui maintenait l'indifférence sur le compte d'un fleuve digne cependant d'attirer l'attention, devait durer jusqu'au moment où on jeta les yeux sur ses bords pour y fonder des établissements pénitentiaires. Quelques années d'un développement rapide, qui laisse prévoir de ce côté un prochain essor d'avenir, font revivre aujourd'hui un nouvel intérêt sur ce fleuve ; les mêmes questions modifiées par le temps se représentent à l'esprit. De notre côté, comme du côté de la colonie voisine, on devait prêter une sérieuse attention sur ces lieux, et, prévoyant un avenir de prospérité, il fallait songer à le préparer. Ce fut sous l'empire de ces considérations que M. le gouverneur de la Guyane eut la pensée de confier, l'an dernier, à M. Ronmy la mission d'entreprendre un premier voyage dans la rivière, pour s'y livrer à quelques études sur les populations indigènes qui l'habitent, et leur faire connaître la bienveillance de nos intentions à leur égard. Les documents qu'il y recueillit (1), comme les impressions qu'il en retira, firent naître de nouvelles espérances ; notre influence sur ce fleuve, jusque-là à peu près nulle, pouvait facilement grandir, et pour nous, comme pour nos voisins de la colonie hollandaise, il devenait nécessaire de mieux connaître les ressources et le cours de ce fleuve limité.

D'un commun accord entre les deux gouvernements de France et de Hollande, une commission mixte fut formée pour explorer le Maroni et ses affluents supérieurs.

(1) Voir la *Revue*, t. I⁰ʳ, p. 779 (n° de juin 1861).

La commission française fut composée ainsi qu'il suit, par les ordres de M. le gouverneur de la Guyane :

MM. *Vidal,* lieutenant de vaisseau, chargé de la partie hydro-graphique, président ;

Rech, docteur en médecine, chirurgien de la marine de 2e classe, chargé de l'histoire naturelle ;

Boudet, lieutenant en 1er d'artillerie de marine, chargé de la partie topographique, géologique et minéralo-gique ;

Ronmy, lieutenant en 1er d'infanterie de marine, chargé du mouvement et des relations avec les indigènes.

La commission hollandaise se trouva réduite à trois membres, savoir :

MM. le *baron Van-Herdt d'Éversberg,* officier démissionnaire de la marine hollandaise ;

Cateau-Van-Rosenvell, officier d'infanterie coloniale, chef du génie civil et militaire à Paramaribo ;

Kœppler, agent du gouvernement hollandais auprès des populations indigènes, et depuis longtemps établi sur cette rivière.

Le pénitencier de Saint-Louis, où s'organisait le matériel de l'expédition, avait été fixé comme point de rendez-vous, et les deux commissions s'y trouvèrent réunies le 6 septembre 1861. Le départ fut arrêté pour l'après-midi du 9 ; les commissaires hollandais, qui s'étaient arrêtés sur l'habitation de M. Kœppler, à Albina, devaient venir nous rejoindre dans la matinée à Saint-Louis, où s'organisait une petite solennité pour célébrer le but de notre expédition.

Après avoir reçu les témoignages de l'intérêt qui allait nous accompagner durant notre excursion, nous nous mîmes en route vers trois heures de l'après-midi. Le temps était très beau ; une foule nombreuse, réunie sur le wharf du pénitencier, nous adressait ses derniers signaux d'adieu, pendant que la modeste artillerie de Saint-Louis signalait notre départ par des détonations réitérées. Notre flottille, composée de onze pirogues avec pavillons arborés, s'éloigna ainsi avec un entrain qui faisait bien présager du succès de notre entreprise. Nos équipages, à peu près exclusivement composés de nègres Bonis, paraissaient bien disposés à nous servir de tous leurs efforts, et nous avions tout lieu, par les renseignements qu'on nous donnait sur eux, de compter sur leur dévouement et leur complète docilité. Les pirogues hollandaises étaient exclusivement montées par des Indiens, la plupart Arouagues, que M. Kœppler avait pu recruter dans le bas de la rivière. La marche des deux commissions devait être complètement simultanée; appelés à participer à une mission commune, nous ne pûmes avoir d'autre pensée que de réunir nos moyens et nos efforts pour atteindre le but qui nous était proposé; les liens de sympathie naturelle qui unissent les deux nations rendaient ce résultat facile, et il nous fallut peu de temps pour établir des relations dont la cordialité et le dévouement ne se démentirent pas un seul instant pendant tout le cours du voyage.

Le travail hydrographique, qui était celui de tous les instants, nous servit de base pour régler notre marche; après avoir envisagé la somme de travail qu'il fallait produire dans un laps de temps déterminé, il fut convenu, entre ces messieurs et moi, que nous nous bornerions à relever le fleuve par un cheminement à la boussole, estimant les vitesses à l'aide du loch, mesurant de temps en temps quelques angles micrométriques pour déterminer la largeur de la rivière; des sondes devaient être pratiquées transversalement pour déterminer le thalweg, s'il y avait lieu; et enfin des observations astronomiques devaient être faites à chaque station, toutes les fois que le temps le permettrait, et leurs données fixes et certaines nous serviraient à corriger les imperfections de notre rapide travail. Ce mode de procéder, le seul qui soit praticable dans une rivière semblable à celle que nous avions à lever dans une limite de temps très restreinte, nous inspira tout d'abord une grande confiance. Nous pûmes constater avec satisfaction que nos deux croquis qui se faisaient isolément, et autant que possible en cheminant le long de nos rives respectives, offraient des différences peu sensibles, et cadraient bien avec les observations astronomiques.

Je disposais pour mes travaux des instruments suivants :

Un compas de route d'embarcation et un compas de relèvement; un cercle à réflexion et un sextant; un horizon à glace et un autre à mercure ou huile, un micromètre de Rochon; une chaîne métrique pour la mesure des basses; des bateaux de loch et des plombs de sonde munis de leurs lignes graduées; un chronomètre portatif dont la marche bien régulière avait été soigneusement surveillée pendant vingt jours avant notre départ de Saint-Louis.

Je m'étais muni d'instruments à réflexion, faute de mieux, pressentant fort bien leur insuffisance, ou tout au moins l'extrême difficulté de leur usage, pour l'observation des données du calcul de latitude. A l'époque où commençait notre voyage, la déclinaison du soleil était déjà trop faible pour qu'on pût observer sa hauteur méridienne, qui dépassait 80 degrés, et nous dûmes recourir, pour déterminer nos latitudes, aux observations d'étoiles (α du Cygne et α de la Lyre ou Véga.)

Les commissaires hollandais possédaient un cercle à réflexion muni d'une excellente lunette, et qui portait un prisme à la place de petit miroir; grâce à cette importante modification, qui donnait aux images une grande clarté, nous pûmes nous procurer presque toutes les nuits de bonnes données pour les calculs de nos latitudes. Je profite de cette occasion pour signaler, comme plus facile et plus avantageux dans de semblables expéditions, l'usage d'un simple cercle vertical à colonne, monté sur un trépied; j'avais vivement regretté de n'avoir pu me le procurer à Cayenne.

Les trois premières journées nous conduisirent au pied du saut Hermina, le premier du Maroni. Jusqu'à ce point, le fleuve se développe sous une belle largeur, variant de 1200 à 1800 mètres, suivant une direction générale au S.-O. 1/4 S. Sur ses rives, et plus particulièrement sur la rive gauche, on rencontre quelques carbets peu importants d'Indiens, Aromagne et Galibii; plusieurs îles se trouvent disséminées sur son parcours jusqu'au village où sont établis quelques réfugiés portugais du Brésil.

Nous remarquâmes, à partir de ce point, que la rive gauche devenait sensiblement montueuse, tandis que la rive droite restait encore plate, mais cependant élevée. Ces mamelons boisés, qui viennent aboutir jusqu'au fleuve, indiquent dans l'intérieur du pays une nature analogue; leur hauteur, qui varie sur les bords de 40 à 60 mètres, doit augmenter sensiblement à mesure qu'ils s'éloignent du rivage. Quelques criques, généralement peu importantes, viennent apporter leur tribut d'eau au fleuve, après avoir puisé elles-mêmes leur alimentation en cheminant autour de ces mornes qui leur déversent, par de nouvelles petites criques, leurs eaux pluviales.

Avant d'avoir atteint le saut Hermina, nous pûmes déjà nous convaincre de l'impossibilité matérielle de déterminer le thalweg de la rivière; son lit était parsemé de bancs de sable jetés sans ordre, et bientôt nous avions rencontré les fonds de roche que nous ne quitterons plus dorénavant.

Le 11 septembre au soir, nous vînmes camper sur une petite île du nom de Sointi-Cassabat, située après les premiers rapides du saut Hermina. Il fut convenu que nous y séjournerions la journée entière du 12, pour nous livrer à divers travaux d'installation sur nos pirogues, et nous procurer en même temps le loisir d'y observer l'aspect du fleuve, quand il franchit ces obstacles. Celui que nous avions devant nous offre un changement de niveau que j'estime à 4 ou 5 mètres sur un parcours total de 800; la déclivité de la rivière y est sensible à un œil exercé. Les sauts correspondent généralement à un changement momentané de direction dans le cours de la rivière; le plus souvent aussi le développement de largeur y est plus considérable; des îles et des rochers se trouvent disséminés sur son parcours, présentant ainsi une série d'arrêts au courant qui s'y brise en se divisant, et forme les rapides ; celui d'Hermina n'est, à proprement parler, qu'une succession de ces rapides ; là, en effet, le fleuve doit franchir, sur une assez longue étendue, une hauteur proportionnellement assez faible ; et, grâce à ces conditions, il a pu se frayer un passage sinueux autour des îles et des rochers qui embarrassent son cours. Comme je pus le vérifier plus tard, ces sauts établissent une série de bassins dont ils constituent eux-mêmes les digues de retenue. Le courant, d'une rapidité torrentueuse dans les sauts, est faible et quelquefois presque nul entre deux de ces obstacles. C'est grâce à ce régime, tout à fait spécial aux rivières de la Guyane, que le Maroni peut retenir ses eaux, malgré la pente sensible et disproportionnée qu'offre le profil de son lit.

Nous avions eu le temps, dans la journée du 12, de faire dans nos pirogues une meilleure répartition du chargement trop considérable que nous étions obligés de traîner avec nous, et nous pûmes nous mettre en route le 13 au matin. La marche de la flottille était lente et pénible : nos lourdes et grandes pirogues avaient de la peine à se mouvoir au milieu des rapides et des sauts qui embarrassaient notre route : à chaque passage difficile, il fallait s'attendre les uns les autres, et sous les efforts combinés de tous nos équipages réunis, chaque embarcation franchissait successivement. Nous dépassâmes ainsi, dans les journées des 13 et 14, les passages de Feti-Tabettie et de Boni-Doro. Les deux rives sont bordées par intervalles de mamelons boisés ; nous rencontrons aussi quelques criques sans importance.

Dans la matinée du 15, et dès que l'épais brouillard occasionné par les pluies de la veille se fut dissipé, nous aperçûmes devant nous, et vers notre droite, une belle chaîne de montagnes qui se développait sur une vaste étendue. Nous savions devoir la rencontrer dans cette journée, et il avait été arrêté à l'avance que nous choisirions notre point d'étape dans son voisinage ; nous vînmes en effet camper sur une île du nom d'Anosso, d'où nous relevions dans l'O.-S.-O. le sommet le plus voisin de la chaîne. La perspective de cette excursion nous souriait agréablement. Le camp presque en entier, c'est-à-dire un personnel à peu près de trente hommes, nous suivit dans cette excursion. Jamais, sans nul doute, la montagne n'avait eu autant d'hôtes sur ses flancs. Une petite crique, située dans la direction que nous devions prendre, nous offrit un point facile de débarquement. Notre caravane se mit en marche à sept heures un quart; nos boussoles de main nous servaient à guider la marche indécise des noirs qui nous précédaient pour frayer notre passage. Après avoir successivement traversé deux collines, nous arrivâmes à neuf heures quarante-cinq minutes au bas de la montagne. L'ascension, commencée à dix heures, ne fut opérée que vers douze heures trente minutes ; nous remarquâmes à mi-hauteur que la végétation devenait moins puissante : la plupart des arbres étaient grêles, les lianes peu nombreuses, les couches d'humus très superficielles, le roc souvent dénudé, le sol couvert de fragments désagrégés de diorites constituant un minerai de fer qui nous parut fort riche. Parvenus au sommet, nous cherchâmes en vain une clairière sur le plateaux qui nous permît de distinguer quelque coin de l'horizon; un Indien, qui trouva assez de force et d'agilité pour grimper au sommet d'un arbre élevé, nous indiqua, dans la direction du N.-O. au N.-N.-O. des montagnes plus élevées, qui n'étaient autres que le prolongement de la chaîne sur le sommet de laquelle nous étions placés. Je m'assurai, en parcourant le plateau, que les versants qui regardent au nord et au sud présentaient des pentes rapides, et souvent assez abruptes pour former de véritables précipices. L'estimation de notre marche, comme les variations du baromètre, nous donna une hauteur de 1400 pieds.

Pendant tout le cours de cette excursion, MM. Rech et Boudet poursuivaient avec intérêt les recherches intéressant les études spéciales dont ils étaient chargés.

Nous rentrâmes au camp, amplement pourvus du butin que notre escorte avait recueilli en chassant dans le bois pendant toute la journée.

Dans les journées des 16, 17, 18, 19, 20, 21 septembre, nous traversons, toujours avec lenteur, des passages encombrés de sauts et de rapides, parmi lesquels les plus remarquables sont Peter-Sounyon, Ampouna, Gon-Soula, Quétré-Soula, Man-Bari (l'homme crie), et nous venions camper au pied du saut de Singa-Tetey (doubler la corde), d'où nous annonçons, selon l'usage, notre arrivée aux nègres Polygoudoux établis dans le voisinage, par des coups de fusil réitérés. Les deux sauts qui nous séparaient de ce premier village, d'une distance de 2000 mètres environ, nous demandèrent cependant une journée entière pour les dépasser. Dès le matin du 22, une vingtaine de Polygoudoux étaient venus nous visiter pour nous octroyer la permission de passer, et nous offrir aussi le concours de leur expérience et de leurs bras robustes pour franchir ces deux sauts. Celui de Singa-Tetey nous coûta surtout quelque peine ; quoique moins élevé que celui de Polygoudou, il s'écoule par un passage plus resserré qui donne naissance à un courant des plus violents, où toute embarcation serait invariablement brisée si elle se trouvait un seul instant abandonnée à ses efforts ; aussi a-t-on baptisé ce passage de ce nom, Singa-Tetey (doubler la corde), à cause de la précaution que les nègres prennent toujours de doubler et de tripler même l'amarre qui sert à maintenir la pirogue contre les efforts violents du courant.

Après avoir franchi ces deux sauts, nous vînmes camper à un mille environ dans le N.-E. du village des Polygoudoux, sur la pointe où se trouve la bifurcation des deux rivières Awa et Tapanahoni. Deux nègres youcas, qui se disaient envoyés du grand-man, pour nous transmettre ses compliments de bienvenue, vinrent nous y rejoindre immédiatement après notre arrivée, avec mission, je pense, de surveiller nos mouvements et de deviner nos projets.

Nous étions arrivés au point fixé à l'avance pour une longue station de sept à huit journées ; ce temps devait être utilement employé, d'un côté, par ces messieurs, pour les travaux de leur mission respective, pendant que j'aurais, de concert avec MM. Van Herdt et Van Rosenvelt, à déterminer le profil des deux affluents Awa et Tapanahoni; il était convenu aussi que nous profiterions de cette occasion pour visiter la Montagne Française, laissée en arrière l'avant-veille.

Le soir même de notre installation au camp, nous pûmes nous apercevoir, en interrogeant les quelques nègres qui vinrent nous visiter, de l'esprit de défiance avec lequel on nous accueillait; nous demandâmes des renseignements qu'on ne nous livra qu'à moitié. Désireux de parcourir la rive droite du Maroni, réputée inaccessible par nos Bonis, qui n'avaient pas consenti à nous y guider, nous demandâmes si les Youcas pouvaient mieux répondre à notre désir. Il nous fut répondu que le grand-man seul pouvait donner la permission de conduire des blancs dans ces parages dangereux, où les sauts atteignaient une hauteur considérable, et qui de tout temps avaient passé pour être impraticables. Le nom qu'ils ont donné à ce passage, Man-Caba (l'homme fini), en opposition avec le saut de Man-Bari (l'homme crie), situé sur l'autre rive à la même hauteur, semblait indiquer la vérité de leur assertion. Nous pûmes voir plus tard qu'il y avait de leur part exagération, et démêler aussi le but dans lequel ils avaient fait une semblable réputation à ce passage.

C'est ici le lieu, avant d'entreprendre le récit de nos opérations, de faire connaître, par quelques rapides détails, les populations que nous allons rencontrer.

Trois tribus de nègres désignés sous la dénomination générale de nègres Bosh (nègres des bois) sont fixées aujourd'hui sur le Maroni : Youcas, Bonis et Polygoudoux. Quoique constituées sous des impressions semblables, en haine de l'esclavage, possédant les mêmes mœurs et les mêmes croyances, leurs relations sont bien loin de se passer sur le pied d'une égalité qui paraîtrait naturelle, en songeant à leur origine commune. Il est facile de démêler là l'intervention d'une politique habile et vigilante qui a atteint, en divisant ses ennemis, le but principal qu'elle s'était proposé.

Les Youcas furent les premiers à s'établir sur les bords du Tapanahoni; ils y vinrent en grand nombre après avoir combattu contre les troupes hollandaises qui les pourchassaient activement. Grâce à l'excellente position stratégique qu'ils avaient choisie, grâce aussi à la grande distance où ils s'étaient placés du centre des opérations militaires de leurs ennemis, ils réussirent, au bout de peu de temps, à faire reconnaître leur indépendance par un traité qui fut signé à la plantation d'Auka en 1761. Bien des années après, une nouvelle bande de nègres révoltés vint, sous la conduite du chef Boni, que les annales coloniales représentent comme doué d'un caractère très énergique et d'une intelligence remarquable, chercher un refuge sur les bords du Maroni, attirés par la présence des Youcas. A cette époque ceux-ci étaient déjà complètement établis et satisfaits de leur nouvelle situation ; l'arrivée de ces nouveaux hôtes chez eux pouvait compromettre avec la colonie hollandaise une paix dont ils goûtaient déjà les bienfaits ; ils refusèrent en conséquence de recevoir les nouveaux venus, et les Bonis se trouvèrent contraints de passer le Tapanahoni pour aller chercher leur établissement sur les bords de l'Awa, à une assez grande distance du pays des Youcas.

Le gouvernement hollandais songea dès lors à maintenir ces nouveaux ennemis qu'il considérait encore comme ses esclaves ; et, pour s'assurer ce résultat, spéculant sur la paresse naturelle et la cupidité des Youcas, il fit traité avec eux pour placer les Bonis sous leur suzeraineté et leur esclavage, et, en échange de ce don, les Youcas s'engagèrent, de leur côté, à maintenir leurs nouveaux sujets, et à chasser de chez eux tous les nègres marrons qui s'y présenteraient. L'effet attendu ne tarda pas à se produire : aidés par les ressources de la colonie hollandaise, favorisés par la supériorité du nombre, les Youcas, après une période d'hostilité où la ruse et la fourberie jouèrent le plus grand rôle, établirent l'empire de leur force, dont le temps ne fit qu'accroître les abus.

Les Polygoudoux, les derniers en date comme en nombre, furent formés de soldats noirs révoltés qui, après s'être livrés contre leurs chefs à des actes d'une haine sauvage et barbare, vinrent aboutir à ce suprême refuge des Marrons. Comme les

Bonis, ils furent placés sous la domination des Youcas et pré-
posés à la garde du Tapanahoni et de l'Awa, sur le village qui
porte le nom de leur tribu.

Le temps ne tarda pas à fonder les résultats que la politique
hollandaise avait voulu atteindre; peu d'années s'écoulèrent
en effet, et Bonis et Polygoudoux se trouvèrent relégués dans
leur affluent avec interdiction de se mettre en relations avec
le Surinam; les premiers, qui habitaient loin de l'œil de leurs
maîtres, furent placés sous la garde des seconds, et privés de
toutes les ressources du commerce dont le monopole resta
aux Youcas.

A l'aide d'une organisation aussi habilement appliquée, le
but du gouvernement colonial de Surinam était parfaitement
rempli : les Youcas avaient dorénavant tout intérêt à se faire
les satellites du marronnage, et cette menace permanente cessa
de paralyser les efforts de colonisation de nos voisins.

Dès à présent on peut saisir pourquoi le passage que j'ai cité
(Man-Caba) jouissait d'une aussi belle réputation de saut impraticable. Le nègre est naturellement crédule, le nom seul
qu'on avait donné à ce saut suffisait à grossir, même à sa vue,
la valeur de l'obstacle ; spéculant sur cette crédulité, il fallait
faire croire aux Bonis que les dangers de ce passage étaient
effectivement très grands, sans quoi ils auraient pu se dérober à la surveillance de leurs maîtres en longeant la rive droite,
et détruire ainsi l'obligation capitale de leur état de sujets.
L'Awa débouche en effet dans le Maroni par deux branches
formées par une grande île; celle qui se présente la première
à la vue découle avec le Tapanahoni par le saut de Polygoudou ;
l'autre, plus spacieuse, aboutit au saut de Man-Caba, en se dis-
simulant derrière des îles nombreuses. C'est sans doute à cette
configuration qu'il faut attribuer l'erreur de quelques voyageurs qui donnaient à l'Awa une importance de beaucoup
inférieure à celle qu'il mérite. Revenons à notre sujet.

Les Bonis étaient en effet persuadés que ce passage était impraticable ; jamais aucun d'eux ne s'y était aventuré, et le résultat recherché était atteint à l'aide de cette supercherie.

Nous sentîmes l'importance de vaincre cette première entrave, et résolûmes de le découvrir et de le franchir, s'il y avail lieu.

Dans la journée du 23, M. Rosenvelt et moi nous partîmes dans une pirogue légère pour aller rechercher dans l'Awa un point convenable pour le lever du profil; nous profitâmes de cette occasion pour redescendre cette rivière par celle de ses embouchures qui longe la rive française, et arrivâmes ainsi devant le saut de Man-Caba : les deux Bonis, qui nous conduisaient presque malgré eux, amenèrent notre pirogue jusque sur les bords du saut, et nous pûmes, en débarquant sur le vaste plateau de roches qui entourait la chute, jouir à notre aise du spectacle imposant qu'elle offrait à nos yeux encore peu familiarisés à ces sensations. J'essayerai de rendre ici la description d'un saut et les péripéties de l'opération qui consiste à le franchir, afin de donner une idée des difficultés qu'offre la navigation sur un fleuve parsemé de ces obstacles. Je prendrai pour exemple celui de Man-Caba, qui nous causa la première et la plus grande impression.

Jusqu'au moment où il débouche dans le Maroni, l'Awa s'écoule par un courant à peine sensible, offrant à l'œil une surface libre et unie qui s'étend sur une largeur variant de 400 à 600 mètres. A mesure qu'on approche de cette embouchure, le saut, qui se dérobe totalement aux regards, signale son voisinage par le bruit de ses sourds grondements; bientôt on distingue aux limites d'un horizon borné des îles nombreuses entremêlées de rochers, qui, se développant sur une large étendue, semblent obstruer complètement le cours du fleuve. Où diriger sa route? Parmi les labyrinthes que le fleuve dessine confusément autour de ces obstacles, quel passage choisir? Sur quel point attaquer la chute qui gronde de plus en plus menaçante? Avançons cependant et éloignons toute crainte d'être entraînés malgré nous vers l'abîme encore invisible, quoique très rapproché de nous; car la nature a eu soin de nous prémunir contre ce danger. Déjà le bruit de la cascade s'est graduellement transformé, et notre oreille peut distinguer ses soubresauts successifs; devant nous, à petite distance, on aperçoit un vaste plateau de roches qui semble barrer toute issue au cours de la rivière. Le nègre pilote s'est levé sur l'avant de la pirogue; d'une main, il tient sa pagaye toujours prête à agir, de l'autre il indique au patron la direction qu'il doit suivre; comme un chasseur aux aguets, son œil attentif et inquiet interroge les abords de la chute; avec un instinct qui tient à une longue expérience de ces lieux, il envisage rapidement chacun des plus petits détails; de son côté, le nègre d'arrière aide et facilite la moindre de ses manœuvres. Pendant qu'ils se livrent tous deux à cette étude attentive, la pirogue, abandonnée à elle-même, suit le faible courant qui l'entraîne encore. Quelques instants se passent, occupés à ce muet examen, et, sous l'effet d'un contre-courant produit par la réaction des eaux sur le barrage à peine distant de quelques mètres, la pirogue s'arrête brusquement. Avant de se précipiter en cascades écumantes par l'issue étroite qui lui est ouverte entre les rochers, le fleuve tourbillonne indécis; sur un espace de quelques mètres, il roule sur lui-même alternativement attiré et repoussé. Pendant que nous observons avec une curieuse attention le spectacle que nous offre la chute, nos hardis et habiles pilotes ont choisi leur position pour attaquer le passage; ils ont donné quelques coups de pagaye en avant, et la pirogue, dépassant la limite des eaux calmes, s'est lancée avec la rapidité d'une flèche plutôt projetée qu'entraînée au milieu des bonds successifs qui constituent le saut : en quelques instants, et avant d'avoir dominé notre première émotion, nous avons parcouru une distance de 400 à 500 mètres; avant que nous n'ayons pu l'envisager dans toute sa réalité, le danger est déjà loin derrière nous. Le courant encore violent nous entraîne, et nous fait bientôt dépasser, à travers les canaux qu'il forme autour des îles et des rochers, la zone torrentueuse qui sépare les deux bassins.

Cette manière de franchir les sauts, la plus expéditive, mais aussi la plus hasardeuse, n'est pas toujours praticable. Souvent d'énormes blocs de roche, par-dessus lesquels les eaux du fleuve d'abord engouffré viennent rebondir en fureur, sont placés au milieu de la chute, menaçant d'une perte inévitable l'embarcation qui oserait tenter les premiers pas sur son cours impétueux. D'autres fois, le saut dessine autour des rochers des sinuosités si brusques, que la plus petite pirogue ne saurait avoir le temps d'y évoluer assez vite, avant d'être fracassée sur un de ces obstacles, où le courant vient se briser pour reprendre une nouvelle direction.

De nombreuses modifications se présentent à chaque passage différent; chacune d'elles entraîne quelques changements dans la manœuvre à exécuter pour le franchir, soit en montant, soit en descendant; il est bon de s'en rapporter pour cela au savoir-faire des nègres habitués, par une longue expérience, à apprécier la valeur de chacun des incidents de ces lieux difficiles. Cette première fois, nous nous étions présentés devant un passage complètement impraticable, mais nous pûmes nous convaincre, en parcourant des yeux l'étendue entière du saut, qu'il en existait d'autres qui offraient, sans nul doute, de plus grandes facilités. Pressés par l'approche de la nuit, nous rentrâmes au camp vers cinq heures, satisfaits de cette première tentative.

La journée du lendemain fut consacrée à notre travail sur le Tapanahoni : nous mesurâmes une base en face du village de Polygoudou, et prîmes de chacune de ses extrémités des angles sur un signal placé sur l'autre rive. Cette opération, qui s'exécutait en présence d'une foule de curieux, ne laissait pas que de les intriguer au plus haut point. Les nègres nous regardaient faire avec un silence qui manifestait leur inquiétude; étaient-ce des maléfices que nous répandions sur leur village? Notre air sérieux et occupé les déroutait totalement; les Indiens, qui nous avaient accompagnés là, étouffaient, au contraire, l'hilarité dont ils se sentaient saisis, en nous voyant prendre tant de peine à une semblable besogne. Une observation micrométrique fut pratiquée également et nous donna un résultat analogue à celui qu'indiquait le calcul du triangle; nous résolûmes, en conséquence, de nous en rapporter dorénavant aux données de cet instrument, dont l'usage facile offrait sans contredit autant d'exactitude qu'une triangulation sur un terrain, où on trouve difficilement des espaces assez dégagés pour y choisir de bonnes bases. Le travail terminé et le calcul fait nous donnèrent un débit d'eau de 20.291 mètres cubes à la minute pour le Tapanahoni; le travail analogue, exécuté le lendemain sur l'Awa, nous donna pour cet autre affluent un débit de 35.960 mètres cubes.

Nous avions résolu de redescendre le fleuve dans la journée du 27, pour aller explorer la Montagne Française; nous partîmes pour exécuter ce projet vers onze heures du matin, avec deux pirogues légères armées de trois hommes chacune. Après avoir franchi successivement les sauts de Polygoudou, Singa-Tetey, Man-Bari, Quétré-Soula, nous vînmes camper sur les bords d'une crique qui nous parut être le point le plus voisin du sommet que nous voulions atteindre. Nos hommes débutèrent à notre arrivée, pendant que nous nous installions pour bivouaquer au milieu de la forêt, en nous prévenant que les parages sur lesquels nous nous trouvions étaient très fréquentés par les tigres, dont ils nous montraient des traces toutes récentes, et nous dûmes nous attendre à recevoir leurs nocturnes visites. Toutefois, ils ne négligèrent pas la précaution de tenir des feux allumés pendant toute la nuit, et, grâce à ce moyen à peu près infaillible, notre sommeil ne fut troublé que par les cris assourdissants des singes hurleurs qui ne manquaient jamais de se faire entendre vers trois heures du matin.

L'excursion que nous fîmes le lendemain ne nous offrit que fort peu d'intérêt; nous ne rencontrâmes sur la montagne aucune richesse minérale, aucun accident de terrain remarquable ; nous fûmes frappés de la pauvreté de sa végétation ; sa hauteur fut évaluée à 1.800 pieds.

Nous reprîmes le chemin de Polygoudou, le 29 au matin ; M. Rosenvelt et moi avions résolu de retourner en cheminant le long de la rive droite, pour compléter une lacune de nos croquis. Cette fois, les deux Bonis qui conduisaient notre pirogue étaient complètement entre nos mains, et nous n'eûmes pas grand'peine à triompher de leur obstination routinière. Nous fûmes d'abord frappés de la facilité que nous rencontrerions à parcourir la première partie de notre chemin ; à la place des sauts correspondants sur la rive gauche, nous ne trouvâmes que quelques rapides assez faibles, qui nous permirent d'atteindre en quatre heures au pied du saut de Mau-Caba. Avant d'arriver devant cet obstacle, nous avions rencontré la crique Abounami ; c'est bien pour moi la plus importante de toutes celles que nous avions vues jusqu'à présent débouchant dans le fleuve par un saut, sous une largeur de 70 à 80 mètres ; sa direction paraissait être vers le S.-E. ; sa source doit être placée sur le versant S.-E. de la chaîne des montagnes dont nous avions la veille exploré un piton ; je suppose aussi qu'elle doit aboutir à un point voisin de la rivière Mana.

A moins de revenir sur nos pas, ce qui nous eût conduits à une heure avancée de la nuit, il fallait franchir le saut du Man-Caba. C'était le moment ou jamais de vaincre l'obstacle ; nous touchions au résultat que nous avions voulu atteindre. Nos conducteurs, désireux de nous satisfaire, n'hésitèrent pas à l'entreprendre ; le saut fut franchi sans de trop grandes difficultés, et nous rentrâmes au camp vers cinq heures, heureux d'avoir contribué à détruire une croyance dont l'effet a été développé plus haut. Nous pûmes nous apercevoir le soir même du dépit qu'en éprouvaient les Youcas, qui commencèrent à pressentir dès lors qu'ils ne gouverneraient pas nos mouvements, comme ils l'avaient sans doute espéré.

Nos préparatifs étaient faits pour reprendre, le lendemain 30, le cours de notre voyage vers le Tapanahoni. Il avait été convenu que M. Ronmy séjournerait encore quelques jours à Polygoudou, pour y attendre l'arrivée des Bonis qui devaient redescendre de l'Awa, et expédier en même temps un canot à Saint-Louis pour y charger les vivres que nous devions trouver à notre retour. Pendant les sept journées du séjour au camp nous avions pu régler nos chronomètres, de façon à nous mettre en campagne avec des marches rectifiées.

30 *septembre*. — Nous partîmes vers huit heures du matin,

et nous pûmes nous apercevoir, dès le début, que nos voyageurs les Bonis manifestaient une certaine hésitation à nous
suivre dans cette nouvelle campagne. Malgré le récent traité (1)
qui leur avait accordé une liberté complète de navigation sur
les rivières, les maîtres, comme les sujets, avaient conservé
jusque-là la même attitude respective. L'indépendance, que le
traité proclamait pour les Bonis, sous la sauvegarde des gouvernements de Hollande et de France, n'existait pas de fait; les
Youcas étaient encore des maîtres et les Bonis des sujets
dociles et obéissants; nous résolûmes d'employer tous nos
efforts à profiter de cette circonstance pour l'établir.

Cependant, malgré les craintes qui paralysaient leur entrain,
nous atteignîmes sans trop de longueurs le village de Piquet,
situé immédiatement au-dessous du saut de Gran-Holo, le plus
haut de toute la rivière. Comptant sur l'impression qu'allait
nous produire cet imposant obstacle, on avait résolu de nous
arrêter à ce point. Les Youcas, en s'établissant sur les bords du
Tapanahoni, ont choisi à dessein des lieux d'un accès difficile ;
jaloux de leur liberté, ils ont cherché à se préserver ainsi des
visites de leurs anciens maîtres. Jamais, jusqu'à ce jour, aucun
blanc n'avait pu franchir la limite que nous avions atteinte;
ils avaient toujours réussi à arrêter à ce point les rares
voyageurs qui s'étaient présentés. Aussi, considèrent-ils la
rivière du Tapanahoni, et, peu s'en faut, le Maroni en entier,
comme un domaine où chaque étranger doit venir rendre
hommage au seigneur de l'endroit.

Nous vîmes clairement que c'était la prétention de ces
pauvres gens, lorsqu'en passant à côté d'un village où notre
approche avait été signalée par quelques coups de fusil, un
vieux chef se présenta sur le bord pour y recevoir de nous les
distinctions et les marques de déférence qu'il croyait dues à sa
dignité.

Les commissaires hollandais, mieux au courant que nous
des allures de ce peuple faible et orgueilleux, avaient arrêté

---

(1) Voir la *Revue maritime et coloniale*, tome I, p. 117 (n° de janvier 1861).

les pirogues à la plage pour satisfaire la fantaisie de ce vieillard.
Sans comprendre la valeur de cette manifestation, je con-
tinuais ma route, non sans remarquer que mes pagalleurs, les
Bonis, paraissaient alarmés de cette manière d'agir. Le vieux
bonhomme avait distingué le pavillon français : il fît mine de
se mettre en colère et s'exclama en disant dans sa langue qu'il
était **un grand personnage du pays** (*mi dè ouan biggi souman*).
On ne passait pas ainsi sur son domaine sans lui adresser un
bonjour ; en même temps, attirée par ses vociférations, la foule
grossissait autour de notre vieux capitaine, qui drapait
fièrement sa dignité offensée dans une robe de chambre aux
couleurs les plus voyantes, constituant son unique vêtement.
Mon procédé, quoique bien involontaire, était pris comme une
manifestation hostile ; les Bonis étaient paralysés par un
pareil incident ; leurs regards, comme les quelques paroles
que je pouvais comprendre, me demandaient un acquies-
cement à cette exigence. Dans le but surtout de ne pas alarmer
ceux-ci, je fis diriger ma pirogue vers la terre, et notre biggi
souman vint m'accueillir sur le bord, gardant une attitude
moitié humble et moitié provocante. Je lui fis déclarer que
n'ayant rien à lui dire, n'ayant non plus rien à faire avec lui,
je ne jugeais pas à propos de perdre mon temps à m'arrêter
sur chaque village. Je lui fis expliquer, comme dernier et
meilleur argument, que j'étais aussi un très grand personnage,
représentant d'un pays puissant, et que, comme tel, je n'en-
tendais avoir affaire qu'au chef suprême chez eux. Il fut
facilement calmé, et je me retirai immédiatement, lui offrant
un verre de tafia en échange de poisson dont il me faisait
présent en signe de réconciliation. Ce simple incident, quelque
puéril qu'il fût, me mit en garde contre l'esprit de ces gens ; je
vis clairement qu'ils chercheraient à faire valoir leur importance, et qu'il fallait dès le début leur montrer que nous
n'étions pas disposés à la reconnaître.

Octobre. — Il avait été arrêté à l'avance, que nous ferions
étape au village de Piquet, pour y attendre M. Ronmy, qui était
resté à Polygoudou ; en même temps nous devions prendre

des arrangements pour continuer le voyage, avec l'assistance indispensable des nègres youcas, que nous comptions requérir. Nous établîmes nos tentes sur une belle plage de sable, résignés à passer trois ou quatre jours sur ce point.

Le grand-man Byman, prévenu de notre arrivée, s'était fait annoncer pour la journée du lendemain. M. Kœppler fut envoyé vers lui, le 3 au matin, pour lui signifier nos intentions et requérir formellement son concours ; il revint quelques heures après, apportant une promesse de complète assistance ; malheureusement, on y mettait une condition, qui nous parut inacceptable et contre laquelle nous nous récriâmes tous avec force. Byman ne voulait pas qu'un seul Boni nous accompagnât dans le Tapanahoni ; nous ne pouvions admettre un pareil ultimatum qui détruisait la validité du traité récent qui avait été passé à ce sujet avec les nègres youcas. Nous attendîmes donc avec impatience l'arrivée du personnage, qui n'avait pas eu besoin d'une grande réflexion pour saisir le danger du terrain sur lequel il se plaçait ainsi. Après s'être arrêté à petite distance de notre camp, afin de se présenter avec l'appareil de toilette et de pompe exigé par le rôle qu'il avait à jouer, après aussi avoir tenu un conseil de ses capitaines, il débarqua sur notre plage, où son arrivée fut signalée par quelques coups de fusil tirés par les Bonis. Le plan de notre rusé personnage avait complètement changé dans l'espace de quelques heures ; l'action de ses capitaines était sans doute pour beaucoup dans cette nouvelle tactique. Cette fois, il déclara que, malgré son désir d'être agréable aux blancs, il ne pourrait consentir à leur prêter aucune assistance ; il était lié par le serment du gonflement (1) avec une tribu indienne du haut de la rivière, et il s'y était engagé formellement à ne favo-

---

(1) Lorsque deux tribus d'Indiens ou de nègres veulent consacrer solennellement un engagement réciproque, elles ont coutume de se réunir en grande assemblée, et là elles jurent d'accomplir leur serment en mélangeant dans une coupe quelques gouttes de leur propre sang que chacun boit alternativement. Ils appellent cette coutume « boire le gonflement. » C'est le seul gage de bonne foi qui ait une valeur réelle ; ils sont réellement convaincus que la violation des engagements ainsi contractés les conduira à une mort certaine.

riser en aucune façon les projets des blancs, qui voudraient atteindre jusqu'à eux ; il mourrait certainement, lui et les siens, s'il violait cet engagement. Tel était le prétexte dont ils imaginèrent de se servir pour déguiser une malveillance réelle.

Il put s'apercevoir de l'impression désagréable que nous produisit sa réponse ; nous prîmes dès ce moment une attitude froide et mécontente, qui parut le gêner et l'intimider ; son regard naturellement faux devint embarrassé. Il déclara qu'il ne mettrait aucune entrave à l'exécution de nos desseins ; du moment que son serment serait respecté, nous pourrions tout entreprendre ; toutefois il ajouta, d'un air bien convaincu qui trahissait son arrière-pensée, que les Bonis n'oseraient pas monter dans de semblables conditions. Ce propos nous produisit d'autant plus d'impression, que la pensée nous était déjà venue de la possibilité d'une semblable complication.

Ces pourparlers durèrent ainsi jusqu'au 7 sans plus de succès ; M. Ronmy, qui était arrivé le 6 à huit heures du matin, n'avait pas été plus heureux que nous auprès de Byman.

Notre départ avait été résolu pour le 7 au matin, et, malgré le contre-temps que nous éprouvions auprès des Youcas, nous ne voulûmes pas le retarder ; mais pour que son exécution fût facile, il fallait le concours bien dévoué des Bonis, et je m'assurais au contraire, tous les jours davantage, de leurs irrésolutions. Les Youcas n'avaient épargné sur eux aucun moyen d'action. La menace avait été employée sans réserve, et nous pouvions en détruire les effets par notre ascendant personnel ; mais nous nous trouvions tout à fait sans armes contre les idées superstitieuses qu'on avait éveillées en eux, et à l'aide desquelles on avait frappé leur esprit trop facile à subir ce genre d'impressions. Des invocations avaient été faites au Gado (Dieu) qui avait déclaré qu'il s'opposait à une pareille entreprise, et désobéir à la volonté de son Dieu, c'est, dans la foi de ce peuple idolâtre, se vouer à une mort certaine.

Nos préparatifs de départ, terminés le 7 au matin, nous tentâmes un dernier effort auprès des Bonis pour les faire embarquer; dès le lever du jour, ils avaient tous fui hors du camp et nous dûmes nous livrer à leur recherche et user de notre ascendant personnel pour les conduire jusqu'aux embarcations. Cet essai aurait pu atteindre le résultat que nous nous proposions, mais notre volonté se brisa devant l'attitude résignée de ces pauvres gens. Cet usage de la force contre des hommes chez qui la crainte paralysait le bon vouloir avait quelque chose de cruel et d'injuste, qui nous fit prendre le parti de renoncer complètement à leur concours.

MM. Rech, Boudet et moi, nous nous embarquâmes dans la plus légère de nos pirogues qui était conduite par quatre hommes que nous avions amenés de Mana et de Cayenne. En même temps, les commissaires hollandais se mettaient en route avec deux pirogues armées par des noirs de Surinam et trois Indiens qui avaient été conservés par M. Kœppler. La population de Piquet réunie sur la plage nous observait ébahie; ainsi équipés, nous ne nous faisions pas illusion sur les difficultés et les lenteurs que nous allions éprouver; nous étions bien résolus à aller jusqu'au bout de nos forces, voulant prouver ainsi aux Youcas que, malgré leurs empêchements, nous naviguerions en maîtres sur cette rivière dont ils voulaient faire leur domaine.

A une très petite distance de notre camp, comme j'ai eu l'occasion de le dire, se trouve le saut Gran-Holo. Nous arrivâmes devant cet obstacle un quart d'heure après notre départ; les difficultés qu'il présentait nous parurent considérables; aucun de ceux que nous avions vus jusque-là n'avait pu nous donner une idée de celui que nous allions tenter de franchir, avec le secours de notre faible expérience; mais notre désir, grossi par l'esprit de lutte, nous poussait à tout entreprendre sans hésitation. Nous débarquâmes sur les roches aiguës qui bordent les premiers passages de rapides, et noirs et blancs nous nous attelâmes ensemble à chacune des pirogues que nous conduisîmes ainsi très heureusement jusqu'au pied de la cascade.

Notre départ n'avait pas manqué d'impressionner vivement

les spectateurs qui s'étaient réunis sur la plage de Piquet ;
malgré tout ce que nous avions annoncé, on n'avait pas cru à
l'exécution de notre projet. Une terreur presque panique s'em-
para d'eux, en nous voyant approcher du saut : si les blancs
allaient périr dans ces passages qui leur sont inconnus, un
pareil événement jetterait sur eux la réprobation du ciel ; c'est
une croyance de ce peuple, que la mort d'un blanc chez eux
serait le signe précurseur de grands malheurs dans leur pays.
Sans délibérer plus longtemps, et sous la seule influence de
cette pensée, tous se jettent dans les pirogues qui se trouvent
disponibles un instant ; chacun s'empresse comme pour nous
porter secours, et une demi-heure tout au plus après notre
départ, nous nous trouvons assaillis par une foule de nègres
qui nous supplient, en se jetant à nos pieds, de ne pas continuer notre voyage sans eux. Tous s'empressent autour de nous,
ils nous promettent le plus grand dévouement et la plus complète docilité. Le succès était grand, mais il n'était pas complet ;
nous exigeâmes la présence des Bonis, et déjà le grand-man, à
l'instigation de M. Ronmy, nous les expédiait avec les embarcations qui devaient compléter notre armement pour la campagne du Tapanahoni. Ainsi, malgré toutes ces péripéties, et
par un acte simple de volonté, nous étions arrivés à un résultat
que cinq jours de pourparlers avaient été inhabiles à atteindre.

Nous pûmes espérer un instant que désormais notre campagne marcherait au gré de nos désirs, mais on verra par la
suite que les Youcas n'avaient pas encore perdu de vue leur
opiniâtre dessein de nous arrêter. Pour le moment, l'entrain
était à son comble ; en un instant, nos embarcations furent
déchargées, traînées sur la roche et placées dans les eaux
calmes qui suivent le saut.

L'attitude des Bonis, que nous avions cependant choisis
parmi les plus jeunes et les plus déterminés, offrait un pénible
contraste avec l'élan des Youcas ; il était facile de lire sur leur
physionomie la terreur et la résignation ; au bavardage qui
leur est naturel s'était substitué un mutisme absolu ; tous nos
encouragements restaient sans effet ; *mi saa dédé* (je mourrai),

répondaient-ils à toutes nos exhortations. Nous comptions sur le temps pour modifier en eux ces pénibles impressions, mais la présence des Youcas devait les entretenir, nous montrant ainsi clairement que leur ascendant était encore grand sur leurs anciens sujets.

Après avoir traversé les rapides qui suivent le Gran-Holo, nous arrivâmes au saut de Wheaty-Headé qui termine la série de ces passages difficiles. Il fallut, sarrêter là quelques instants pour faire une offrande à la roche sacrée, qui personnifie le Dieu maître de ces lieux dangereux à parcourir.

Ce roc, auquel sa situation et sa forme pittoresque ont valu les honneurs de la divinité, a donné son nom au saut sur lequel il se trouve situé, Wheaty-Headé (Tête blanche.) Ce serait, dans l'esprit de ce peuple, superstitieux dans son idolâtrie, courir de grands dangers que de ne pas invoquer la protection du monolithe, toutes les fois qu'on traverse les domaines soumis à sa puissance. Cette fois, ce fut le prétexte à une distribution de tafia (sophi), à l'aide duquel on allait remercier ce Dieu impassible de la protection qu'il nous avait accordée. Chacun des noirs vint successivement répandre sur la roche quelques gouttes de la liqueur contenue dans une tasse, et, proférant quelques vagues paroles, avala avec componction ce qui restait d'un partage où le dieu avait été servi avec une parcimonie remarquable.

Six heures d'une navigation au milieu d'un labyrinthe où se trouvent disséminés quelques villages, nous conduisirent au point où nous devions prendre nos arrangements pour engager les hommes que nous jugerions utile d'emmener avec nous pour servir de pilotes. Nous disposions en ce moment de onze hommes en dehors des Youcas ; nous convînmes d'engager cinq de ceux-ci, de façon à compléter l'équipage de cinq pirogues légères.

Le marché se fit au village de Tan-Firi-Loo, où nous passâmes la nuit ; nous y fûmes assaillis par une foule de curieux avides, qui nous accablaient de leurs demandes importunes. Notre plus grand désir était de dépasser au plus vite la zone de ces villages, afin d'être plus libres et plus maîtres de notre temps, qui se perdait le plus souvent en stations devant chacun d'eux.

8 *octobre*. — La journée du lendemain nous permit d'atteindre ce résultat, et nous vînmes camper sur une plage de sable située à la pointe sud de l'île de Gran-Santi, après avoir depassé, malgré le désir de nos guides, le dernier village des nègres Youcas.

Débarrassés de leur présence importune, nous pûmes étudier le plan de notre voyage et examiner attentivement les ressources et les moyens dont nous pouvions disposer. Cette recherche nous fit constater une certaine pénurie dans nos approvisionnements ; les vivres destinés à nos pagalleurs nous manquaient surtout. Nous avions compté les compléter, à l'aide des ressources des villages, et ce moyen nous avait fait complètement défaut. La façon imprévue dont s'était effectué notre départ de Piquet n'avait pas pu nous permettre une bonne répartition des denrées nécessaires à notre nouveau voyage. Nous pûmes ainsi nous convaincre de la nécessité de réduire le plus qu'il serait possible notre personnel, afin d'assurer un approvisionnement suffisant à ceux d'entre nous qui tenteraient de pousser jusqu'au bout l'excursion dans le Tapanahoni.

La scission projetée, et qui devenait urgente, fut opérée dans la journée du 10.

M. Boudet, que sa mission n'attirait plus au delà du point où nous étions parvenus, et qui avait le projet d'exécuter en arrière de nous le levé topographique du Gran-Holo, offrit de retourner à Piquet; M. Kœppler prit aussi cette même détermination et nous pûmes ainsi renvoyer deux embarcations avec les Bonis qui ne marchaient toujours qu'à contre-cœur, ainsi que la plus grande partie de nos noirs. Nous ne gardions avec nous que les cinq nègres youcas et deux noirs, l'un de Cayenne, l'autre de Surinam.

Après avoir vu descendre les deux pirogues qui emportaient nos bagages superflus, nous nous mîmes en route dans la

même journée. Nous nous étions réduits au plus strict nécessaire, faisant l'abandon de notre tente, fort lourde et fort en-
combrante, et nous livrant entièrement entre les mains des
Youcas, dont les allures jusque-là nous avaient laissés prendre
la plus grande confiance. Nous ne la conservâmes pas longtemps ; le chemin que nous parcourions était déjà très difficile,
les sauts y devenaient de plus en plus fréquents ; dès le lendemain, l'ardeur de nos hommes s'était considérablement
ralentie, il devenait déjà visible qu'on chercherait à nous
arrêter de bonne heure.

Dans l'après-midi du 11, nous arrivâmes devant un saut du
nom d'Abani-Singui (le chant d'Abani), qui se précipitait par
un passage très resserré et d'une hauteur assez grande pour
qu'il fût impossible de le franchir directement. Les pirogues
furent conduites au pied de l'obstacle et nos hommes, débarquant à terre, nous firent remarquer un chemin frayé dans
le bois, par lequel ils ont l'habitude de transporter les pirogues
pour atteindre le bassin supérieur. En nous montrant ce
chemin à travers un morne de soixante pieds d'élévation, qu'il
fallait successivement monter et redescendre, nos hommes
avaient l'air de ne pas douter que nous reculerions devant un
pareil travail. Nous leur manifestâmes notre volonté de
procéder tout de suite à cette opération ; ils s'y refusèrent formellement, disant qu'on la tenterait inutilement : les embarcations étaient trop lourdes ; c'était avec de toutes petites
coques qu'on portait facilement à deux hommes qu'ils avaient
l'habitude de franchir ce passage ; ils ne seraient jamais assez
forts pour transporter les nôtres. Ce refus, qui confirmait nos
vagues appréhensions, nous surprit cependant ; une irritation
qui se contenait difficilement nous inspira la résolution d'entreprendre cette besogne par nos propres efforts. Grâce à
l'aide des deux noirs qui nous accompagnaient, les pirogues
furent déchargées et nous nous mîmes en demeure de les
traîner par le chemin indiqué. Pendant ce temps, nos cinq
nègres nous regardaient faire avec un sourire incrédule, convaincus que nos efforts allaient être stériles. A leur grand

étonnement, et grâce à l'action simultanée de nos forces dirigées par un *Ein Twe Up* (Un Deux Up) bien accentué, la pirogue fut juchée en un instant sur le sommet du morne, traînée dans le bois et lancée dans les eaux au-dessus du saut. En présence de ce résultat qui dépassait toutes leurs prévisions, les Youcas nous offrirent leur aide pour transporter la seconde embarcation ; mais la troisième, beaucoup plus lourde, nous coûta dès le début une telle peine, que nous dûmes prendre le parti de l'abandonner, réduisant encore notre personnel et nos bagages.

Nous campâmes sur ce point où les fourmis abondaient ; nos hommes se montraient mécontents, pendant que, de notre côté, nous témoignions notre satisfaction d'avoir triomphé de leur premier mouvement d'opiniâtreté. Le système que nous adoptions ainsi, et sur lequel ils étaient loin de compter, avec l'idée qu'ils conservent du blanc, les forçait à marcher ainsi malgré eux et à dépasser les limites qu'on leur avait fixées pour nous arrêter.

Évidemment, en nous faisant une concession à Piquet, on n'avait pas voulu nous la faire complète ; il fallait à toute force nous empêcher d'arriver jusqu'aux Indiens Trios du haut Tapanahoni. La même volonté, basée sur la même supercherie du prétendu gonflement, se reproduisait avec toute sa force opiniâtre. Cependant, on ne devait pas non plus nous abandonner complètement ; c'était par la force d'inertie, par les petites entraves de chaque instant, qu'il fallait lutter contre notre volonté de pousser le voyage jusqu'à sa dernière limite. Désormais le parti de nos gens était bien pris : ils braveraient notre humeur, et, à chaque nouvel obstacle, ils tenteraient de nous faire revenir sur nos pas.

Nous ne pûmes nous mettre en route le lendemain que vers onze heures et demie du matin ; notre personnel était, dès ce moment, réduit à cinq hommes. Nous étions à peine en marche depuis une heure quand un nouveau saut se présenta, devant lequel ils tentèrent de nous faire quelques difficultés. Il fallut, pour les décider à le franchir directement et avec les pirogues chargées, que nous prêtions notre concours en nous jetant au milieu du saut, où nous avions de la peine à nous maintenir contre le courant. Nous avancions, quoique lentement, et nous pouvions remarquer que le mauvais vouloir de nos hommes augmentait à mesure que nous approchions du point qu'on ne voulait pas nous laisser atteindre ; à chaque campement, ils se concertaient pour nous créer de nouvelles entraves. L'un d'entre eux, Gadoman (homme de Dieu), qui avait pour spécialité de se mettre à volonté en communication avec son dieu, usait souvent de ce privilège pour manifester à ses camarades des oracles qui leur prescrivaient de s'arrêter. Dans la journée du 14, nous dépassâmes la crique Pratsi (crique de la division), qu'ils avaient fixée dans leur esprit comme limite du voyage ; c'était ainsi que le dieu s'était prononcé.

Un saut du nom de Saco-Saca-Samlou avoisinait ce point de bifurcation de la rivière ; nous y arrivâmes vers deux heures de l'après-midi ; ils déclarèrent ne pas vouloir le franchir, et, pour mieux établir cette volonté, les pagalles furent enlevés des pirogues pour chacun d'eux, en même temps que leurs bagages particuliers ; et ils s'éloignèrent pour aller pécher des coumarous (poissons) sur le saut. Nous n'hésitâmes pas à entreprendre la besogne, et, en trois quarts d'heure, les bagages furent déchargés, le passage choisi et les deux pirogues placées au-dessus du saut, prêtes à repartir.

Les rôles étaient intervertis : nous conduisions à peu près nos conducteurs ; ils vinrent reprendre place dans les pirogues en se mettant à notre disposition et se montrèrent, dès ce moment, à la fois confus et mécontents ; à tous les renseignements que nous leur demandions, ils répondaient invariablement que, n'étant jamais parvenus jusqu'à ce point, ils ne pouvaient satisfaire à nos questions. Cependant, nous étions bien convaincus, et nous pûmes nous en assurer par la suite, que tous connaissaient parfaitement ces parages ; mais c'était un système adopté, à l'aide duquel ils expliquaient l'effet d'intimidation que leur produisait chaque nouvel obstacle.

La journée du 15 devait être celle des impressions et des événements ; déjà depuis la crique de la division l'aspect de la rivière avait beaucoup changé ; son cours était devenu excessivement sinueux, son lit étroit se trouvait encaissé entre deux rives montueuses ; nous cheminions lentement au millieu de ces solitudes sombres et silencieuses. Impressionnés par le recueillement de ces sites, nous attendions avec impatience le spectacle qu'on nous avait annoncé d'un énorme rocher, qui allait donner un nouveau caractère à ce sévère paysage ; le ciel lui-même s'était voilé d'épais nuages pour en augmenter l'effet. Le Biggi-Citon (grand rocher) se présenta à nos yeux émerveillés au détour d'un coude brusque de la rivière ; le gigantesque monolithe, en forme de dôme, se détachait en teinte d'un gris cendré sur le fond monotone du rideau vert de la forêt. Nous arrêtâmes nos pirogues, vivement impressionnés par ce spectacle ; devant nous on entendait gronder sourdement les eaux bouillonnantes du saut voisin ; la montagne granitique se dessinait lugubre et majestueuse, pendant que les roulements de la foudre lointaine venaient ajouter un nouveau caractère à ce saisissant tableau. Quel phénomène de la nature avait déposé là, morne et solitaire, perdu au milieu des forêts luxuriantes, cet immense bloc dénudé ?

Par différents relèvements et l'observation d'un angle vertical, nous déterminâmes sa position ; il n'était situé qu'à sept cent cinquante mètres du rivage, et sa hauteur verticale était de trois cents pieds ; nous ajournâmes à notre retour l'ascension sur ses flancs, craignant qu'une halte sur ce point n'inspirât à nos gens une nouvelle résolution de retourner en arrière.

Il était cinq heures du soir quand nous atteignîmes le saut de Cotou-Foutou (coupe les pieds), qui devait recevoir de nous le baptême du Saut de l'Orage, comme celui qui le précédait avait reçu le nom de Saut du Caïman, à cause de la singulière rencontre que nous y avions faite de cet animal, posté comme en embuscade au milieu du saut, entre deux rochers, en véritable gardien du passage. L'atmosphère était horriblement lourde : les nuages s'amoncelaient de plus en plus menaçants au-dessus de nos têtes ; nous allions être témoins, au milieu de ces solitudes, d'un bel et imposant orage. Nos pirogues étaient à peine halées sur la roche, quand il s'abattit sur la forêt avec une violence qui dépassait tout ce que nous avions pu prévoir ; bientôt la nuit vint ajouter un caractère plus sombre à ce déchaînement des éléments ; à nos pieds le saut grondait avec furie, des éclairs continuels sillonnaient tous les coins de l'horizon, des éclats de foudre successifs résonnaient avec fracas ; par moment on entendait retentir dans la forêt le bruit sinistre des arbres qui s'écroulaient, entraînant tout sur leur passage, brisés par les efforts de la tempête tourbillonnante ; nos yeux étaient éblouis par les jets presque continus de la lumière électrique, pendant que le bruit des décharges très rapprochées de nous assourdissait nos oreilles. A ce moment, M. Rosenvelt était en proie à un accès de fièvre ; un frêle parapluie constituait son unique abri, pendant que MM. Van Herdt, Rech et moi nous recevions avec résignation les torrents de pluie qui s'abattaient sur nos têtes. Un instant, le nuage se déchargea si près de nous, que M. Van Herdt et moi éprouvâmes une petite secousse électrique qui se manifesta par une légère impression à la plante des pieds, instantanément suivie d'un léger mouvement de contraction à la gorge ; M. Rech, qui se trouvait à côté de nous, mais perché sur un tronc d'arbre mort, pendant que nous étions dans l'eau jusqu'à la cheville, n'éprouva aucune sensation semblable, tandis que celle de M. Van Herdt et la mienne avaient été parfaitement identiques.

Cependant, nous consultions d'un œil inquiet l'aspect du ciel, attendant avec impatience la fin de cet orage qui menaçait de se prolonger une partie de la nuit. Les nuages tournoyaient autour du point où nous étions placés, et, pendant trois heures, ils nous déversèrent leurs torrents de pluie ; enfin l'éclaircie se fit vers huit heures et demie, et nous pûmes procéder, autour d'un feu péniblement allumé, à un séchage complet, ainsi qu'aux préparatifs du repas, qui n'était pas inutile pour nous réconforter.

Cette épreuve et l'état maladif, du reste tout temporaire, de
M. Rosenvelt, avaient donné à nos Youcas une nouvelle confiance dans le succès de leur dessein : ils ne manquèrent pas,
le lendemain matin, de nous manifester une résolution bien
arrêtée de ne plus continuer la route. L'orage de la veille était
une manifestation de la colère de Dieu, dont ils avaient
jusque-là transgressé la volonté.

Lassés de ces hésitations qui nous faisaient perdre un temps
précieux et usaient le ressort de notre énergie, pendant que la
fatigue commençait à nous gagner sensiblement, nous tînmes
conseil pour adopter une résolution qui fît cesser cet état de
choses intolérable. A ce moment, nos provisions, en partie
détériorées par les pluies fréquentes que nous avions essuyées,
se trouvaient considérablement réduites ; l'examen de la rivière nous donnait à penser que son terme n'était pas très
éloigné. Au train dont nous marchions, arrêtés à chaque heure
par de nouveaux obstacles, nous fûmes forcés de reconnaître
que nous ne pouvions pas pénétrer beaucoup plus en avant
sans épuiser nos forces, nos provisions, fatiguer nos embarcations, et compromettre ainsi le voyage de l'Awa, qui était
pour nous la rivière principale. Nous proposâmes aux Youcas
une transaction ; nous voulions aller encore en avant pendant
trois jours, et au bout de ce temps, s'ils nous avaient conduits
sans hésitation, nous nous engagions à retourner sur nos pas ;
s'ils ne voulaient pas accepter ces propositions, nous nous
mettions en route sans eux, nous livrant à l'aventure, et les
abandonnant sur ce point, d'où ils rejoindraient leurs villages
comme ils le pourraient. Il était certain qu'ils accepteraient,
ce qu'ils firent sans hésitation, et nous repartîmes le 16 vers
midi et demi.

Nous avions à peine fait trois milles, qu'un nouveau saut
se présenta, qui offrait des difficultés analogues à celui que
nous venions de quitter. Les pirogues avaient sensiblement
souffert de ce transport sur la roche à arêtes vives ; déjà celle
dans laquelle je me trouvais avec M. Roch faisait de l'eau en
telle quantité, qu'il devenait indispensable de la réparer ; nous

profitâmes de cette occasion pour procéder à un calfatage improvisé à l'aide des ressources que nous offraient les matières résineuses répandues dans la forêt. Après avoir employé toute la matinée du 17 à franchir le saut de Quinton-Folo, nous nous remîmes en marche pour être arrêtés, une heure et demie après, par un nouveau saut (Ala-man-dé-daoun, tous les hommes s'asseoient). Celui-ci offrait plus de difficultés que tous ceux que nous avions vus jusque-là ; le passage sur la roche était impraticable ; nos hommes nous conduisirent à travers une petite montagne qui tombait à pic sur la rive droite de la rivière, devant un nouveau saut situé à environ huit cents mètres du premier, et qui se précipitait d'une hauteur considérable, que nous évaluâmes à huit mètres (Hingui-foutou, pied des Indiens). En présence de ces obstacles, nous fûmes d'accord pour fixer à Ala-man-dé-daoun le terme de notre excursion dans le Tapanahoni ; nous étions à ce moment par trois degrés vingt-huit minutes latitude et cinquante-sept degrés quarante minutes longitude. Tout nous faisait croire que cet affluent prenait sa source non loin du point que nous avions atteint. Nous apprîmes plus tard, par des renseignements bien circonstanciés, qu'elle n'était pas à plus de quarante milles dans la direction du S.-S.-O. Nous laissâmes à Ala-man-dé-daoun un signal et quelques mots témoignant de notre passage sur ces lieux, et exécutâmes le jour même notre retour vers l'embouchure.

Le 18, dans la matinée, nous atteignîmes le point où la rivière se rapproche le plus du rocher de granit dont nous avions résolu de tenter l'escalade. Nos hommes se refusèrent d'abord à nous guider vers ces lieux sacrés pour eux ; cependant, au moment de nous mettre en route, deux d'entre eux nous suivirent.

Vingt minutes de marche nous conduisirent au pied du monolithe ; nos nègres ne soufflaient mot ; leurs allures, en cherchant les passages qui devaient nous permettre d'opérer son ascension, étaient d'une timidité et d'une prudence extrêmes ; nous étions arrivés au pied du géant de granit que nous côtoyions, et on apercevait, à travers les clairières des arbres, son sommet désolé, qui se détachait au-dessus de nos têtes. Tout était calme et silencieux autour de lui; des lianes et des bambous entrelacés formaient autour de sa base une barrière de leur végétation inextricable; on eût dit que la nature avait voulu conserver le roc vierge de tout rapport avec tout être humain; jamais, en effet, nous disaient nos guides, aucun d'eux n'avait osé s'aventurer jusqu'à ces solitudes sacrées; quelques Indiens, racontait la légende, avaient voulu pénétrer jusque-là : la montagne les avait engloutis dans son sein, et on n'avait plus revu leurs traces.

Cependant, en parcourant le pourtour, nous avions pu découvrir un passage qui nous permettait de l'atteindre. La montagne présentait quelques traces de végétation dans le voisinage de sa base; bientôt de nombreux bouquets d'orchidées épineuses, qui s'étaient collées sur les aspérités de la roche, nous offrirent un appui suffisant pour grimper jusqu'aux deux tiers de sa hauteur. Un grêle arbuste s'y trouvait, vers lequel nous dirigions notre pénible escalade. Un bel horizon se découvrit à nos yeux depuis longtemps avides d'un pareil spectacle; sans doute que, parvenus au sommet, cette vue deviendrait plus complète et plus majestueuse. Nous tentâmes de vains efforts pour y parvenir. La roche présentait une pente très raide de quarante à cinquante degrés, et devenait totalement dénudée : sa surface était d'une telle régularité, qu'elle n'offrait aucun point d'appui solide à nos pieds; la chaleur réverbérée par le roc était accablante : nous fûmes forcés de reculer devant une ascension aussi hasardeuse.

Du point où nous étions parvenus, nous embrassions déjà une vue assez etendue. Dans un angle de cent quarante degrés do l'E. S. E. à l'O. S. O. une série de plans s'étageaient jusqu'à l'horizon, présentant des teintes régulièrement graduées; on y distinguait quelques pitons isolés de 1500 à 1800 pieds d'élévation, qui sans doute étaient détachés en avant d'une chaîne que notre altitude ne nous permettait pas d'apercevoir.

Après avoir pris un croquis de cette vue, nous retournâmes

à nos pirogues, qui se mirent en marche pour redescendre. Notre course descendante à travers les sauts et rapides s'effectu avec une célérité à laquelle nous n'étions guère habitués. Nous repassâmes en peu de temps tous les points où nous avions trouvé tant de difficultés en montant; nos hommes se montraient très habiles et très zélés pour nous guider au milieu de ces passages. Nous atteignîmes ainsi la zone des villages dans les journées du 21 et du 22; notre campement du 21 fut choisi à dessein dans le village du gran-man auquel nous manifestâmes notre mécontentement et notre indignation de ses procédés. Le pauvre homme commençait à concevoir de sérieuses inquiétudes sur les conséquences de notre colère, il voyait surtout lui échapper complètement la perspective de toute espèce de cadeaux : il se montra à la fois embarrassé et craintif, et, à notre départ de son village, il affecta de recommander à nos hommes d'avoir pour nous les plus grands soins. Notre éloignement de cette dernière étape dans le Tapanahoni s'effectua sans difficulté, et nous arrivâmes le 22 octobre au soir à Polygoudou, où nous trouvâmes, avec le personnel de nos équipages, M. Boudet, qui nous attendait avec la plus vive impatience.

CONSIDÉRATIONS GÉNÉRALES

Le Tapanahoni adopte une direction générale au S.-S.-O., ses rives sont le plus souvent bordées de collines d'une médiocre élévation ; la dernière partie de son cours, et principalement la zone où sont établis les villages, est parsemée d'îles étroites entre lesquelles il forme de nombreux canaux; sur un espace de 30 milles, à partir de son embouchure, une chaîne de montagnes longe sa rive gauche à des distances variables; son lit est exclusivement formé de roches disposées quelquefois en plateaux irréguliers, le plus souvent en blocs disséminés sans ordre; sa pente générale, en y comprenant la hauteur des sauts qui y sont très multipliés, est d'environ 500 pieds, sur un parcours total de 160.000 mètres, soit à peu près 1/1000.

Dans le voisinage de ses sources, son aspect est presque celui d'un large torrent; il s'alimente par des criques qui sont très nombreuses dans les premières parties de son cours. La configuration générale du pays qu'il baigne offre le caractère unique des terrains primitifs : le roc y est toujours granit, quartz ou amphibole; la surface du sol est recouverte d'une couche argileuse d'une épaisseur variable et ne dépassant pas la limite de 5 mètres. On chercherait en vain dans ce pays des minéraux appartenant à des âges postérieurs à celui des formations primitives. Le pays en entier est envahi par la luxuriante végétation des forêts vierges, offrant une grande variété d'arbres de toute espèce. A en juger par les abatis, d'où les indigènes tirent sans grands frais de culture de très bons produits, les terrains y sont d'une grande fertilité. On y rencontre alternativement des terres hautes et des terres basses; celles-ci surtout fournissent aux nègres du riz d'une très belle qualité. Les produits principaux de la culture qu'ils ne pratiquent que sur une petite échelle, sont : le manioc, l'igname, la canne à sucre, le riz et la banane; ils en récoltent à peine la quantité strictement nécessaire à leur subsistance. Paresseux par nature et disposés à considérer le travail de la terre comme un signe d'esclavage, ne pouvant du reste songer à trouver des débouchés pour ces denrées trop encombrantes, ils s'adonnent plus volontiers à la pêche et à la chasse, qui constituent l'occupation noble, ainsi qu'à un petit commerce d'échanges avec les tribus indiennes du haut de la rivière.

La population des nègres Youcas est moins considérable qu'on ne l'a pensé jusqu'à présent; elle atteint environ le chiffre de 800 âmes, disséminées sur quatorze villages. Ceux-ci sont généralement propres et bien situés; ils choisissent de préférence les îles pour leur emplacement; de cette façon ils se placent à l'abri des bêtes féroces et de l'invasion encore plus à craindre des insectes qui abondent dans les forêts.

Leurs cases sont en général bien construites; les unes sont ouvertes aux deux extrémités, et d'autres, qui servent à ren fermer les provisions et les ustensiles de chasse, de pêche et de ménage, sont fermées et totalement obscures.

Les mœurs sont celles d'une fraternité complète; la hiérarchie des positions n'est pas établie; le principe de l'autorité est peu reconnu; les chefs que nous avions rencontrés ne jouissent en cette qualité d'aucune prérogative; l'indépendance la plus absolue de tous les hommes adultes constitue la base de leur société. Chaque village possède son chef nominal plutôt que réel, et au-dessus de ceux-ci se trouve placé le grand-man, qui est le représentant plutôt que le maître de la peuplade.

Je crois pouvoir affirmer que cette légère trace d'organisation leur a été dictée par le gouvernement hollandais, qui a eu longtemps un agent préposé, sous le titre de post-houder, à la surveillance et à la direction de leurs affaires. Peu enclins à obéir à une volonté étrangère, et ne reconnaissant d'autre droit à la supériorité que celui de la force et de l'énergie dont ils sont pour la plupart dépourvus, ils n'arrivent à une certaine unité dans leurs entreprises, qu'en faisant intervenir la volonté divine, que certains d'entre eux ont la prétention de pouvoir consulter. C'était par des supercheries de ce genre qu'on avait cherché à nous arrêter au début de notre voyage, et qu'on était parvenu à un accord remarquable pour mettre obstacle à nos entreprises. Tout me porte à croire qu'ils ont une crainte exagérée du blanc; ils voient encore en lui un maître qu'ils respectent, mais contre lequel ils doivent se défendre par la ruse et le mensonge. Jaloux d'une liberté péniblement acquise, ayant conservé dans leurs traditions le souvenir de leur ancien état d'esclavage, ils craignent que la présence des blancs dans leur pays ne les ramène à leur premier état d'infériorité. C'est à ce sentiment que nous dûmes attribuer toutes les entraves qu'on nous suscita.

Est-ce à la crainte d'un châtiment rétrospectif, ou à l'ascendant que nous pûmes prendre sur eux, ou bien encore à un superstitieux respect qui leur fait considérer le blanc comme un être sacré, que nous fûmes redevables des ménagements que l'on conserva sans cesse pour nous? Je ne saurais me prononcer à ce sujet. Quoi qu'il en soit, j'ai tout lieu de penser que la persistance que nous avons apportée dans l'accomplissement de notre voyage, leur a laissé les plus vives impressions. Ils ont pu voir clairement que nous n'étions pas venus chez eux pour exploiter leur pays, mais bien plutôt pour faire acte de souveraineté, en montrant que nous pouvions nous y comporter en maîtres plutôt qu'en étrangers. Familiarisés à cette idée par notre premier essai, ils se montreront, je l'espère, plus souples et plus confiants pour les voyageurs qui viendront après nous explorer plus attentivement des parages que nous n'avons eu le temps d'étudier que d'une façon générale.

La langue de tous les nègres du Maroni est le nègre créole de Surinam : elle est essentiellement composée d'anglais corrompu et de quelques mots portugais et hollandais. Quoique peu riche en expressions, elle l'est encore surabondamment pour la civilisation peu avancée de ce peuple; ils font abus du langage pour lequel ils professent une espèce de culte; leur vie un peu nomade, adonnée de préférence à la pêche et à la chasse, leur fournit d'amples sujets de causerie, et ce passe-temps facile, dans lequel ils se complaisent, les détourne le plus souvent du travail.

Dans le cours de notre voyage, il arrivait souvent aux deux nègres qui nous conduisaient de ne pas interrompre un seul instant leur conversation pendant les huit heures que durait notre marche quotidienne. La parole est pour eux l'acte d'émancipation, et rien ne les irrite plus que de leur imposer silence. Les besoins de leur nature sont très restreints ; quoiqu'ils se montrent très désireux de toutes choses qu'ils voient, ils sont cependant incapables de faire le moindre effort pour les posséder.

Sérieusement attachés à leur pays, ils sont, je crois, peu disposés à accepter un déplacement qui les forcerait à renoncer à leurs mœurs faciles, à leur religion et à toutes les habitudes de leur vie. Toutefois, on peut les utiliser dès à présent dans le bas Maroni, en les employant à la coupe des bois, comme ils l'ont pratiqué jusqu'à ce jour dans le Surinam.

Pour atteindre ce résultat, il faudrait leur présenter l'appât de quelques établissements voisins, capables de leur livrer, en échange du produit de leur travail, les articles qu'ils ont l'habitude d'acheter. L'époque de transition dans laquelle ils se trouvent placés aujourd'hui, par suite du traité qui leur enlève les ressources des Bonis, favoriserait la poursuite de ce résultat.

Leur religion est l'idolâtrie, sans règles et sans limites ; tout ce qui, dans la nature, dépasse l'ordinaire devient Dieu pour eux. La représentation de la divinité y est variable, au gré de leurs désirs ; dans les villages, chaque famille possède sa case sacrée, où se trouvent répandus pêle-mêle des bustes informes, des pots, des boules de terre blanche, des plantes desséchées, des instruments, le tout destiné aux divers usages sacrés que créera leur fantaisie. Dans toutes leurs cérémonies religieuses, ils ont l'habitude de se teindre le corps en blanc, à l'aide d'une terre argileuse, espèce de kaolin qui est très commun dans leur pays. La nature morte les frappe plus que la nature vivante.

Nous fûmes souvent témoins, pendant le cours de notre voyage, des prétendues inspirations de plusieurs d'entre eux, selon leur expression pittoresque ; à la suite d'un certain temps de recueillement, le Gado entre en eux et s'y manifeste par une série de hurlements qui n'ont rien d'humain, auxquels succède un abattement sans doute simulé ou qu'une longue habitude de cette comédie a peut-être rendu naturel. Parmi les êtres vivants, le caïman et la couleuvre jouissent seuls des attributs divins ; ils les respectent sans les adorer, et se garderaient bien de les incommoder partout où ils les rencontrent. Ils pratiquent la polygamie sans en abuser ; la population féminine paraît plus considérable que la population masculine ; au reste, les femmes s'occupent aux mêmes travaux que les hommes, et elles y acquièrent une complexion vigoureuse et une grande agilité. Ils ont une grande crainte de la mort, qui est dans leur croyance un châtiment du ciel ; leurs cérémonies funèbres se font avec une grande pompe ; on accourt de tous les villages sur le lieu de l'inhumation, qui se pratique avec les soins les plus minutieux.

Quoique en apparence robustes, ils sont cependant infestés par les maladies cutanées et les plaies ulcéreuses. M. Rech a souvent observé des atteintes de lèpre et des accidents constitutionnels de la syphilis. Leur genre de médication est à peu près nul, ou du moins sans efficacité; le plus souvent c'est par des espèces d'exorcismes qu'ils cherchent à chasser le mal qui, selon leur foi, a été introduit dans le malade par l'intervention du diable. Ils se montrèrent toujours très désireux de connaître et d'éprouver nos médicaments, dont plusieurs d'entre eux purent ressentir les bons effets.

En résumé, leur civilisation n'offre aucun caractère d'uniformité. On peut observer souvent des contradictions dans leurs institutions comme dans leurs croyances. Cet état de choses s'explique facilement en se reportant à leur origine, qui transmit dans leurs traditions quelques idées confuses d'un ordre moral trop élevé pour laisser autre chose que de vagues traces dans leur esprit. Peut-être serait-il temps encore de développer en eux ce germe d'une meilleure morale, avant qu'il ne soit détruit par les rapides progrès d'une obscure idolâtrie. Une première épreuve en a été faite par le P. Neu, de l'ordre des Jésuites; le résultat a trompé la confiance et le dévouement du zélé missionnaire; mais aujourd'hui, que des relations plus multipliées ont mieux familiarisé ces peuplades avec la connaissance des Européens, il serait sans doute plus facile d'entreprendre de nouveaux efforts.

La seconde partie de notre voyage dans les sources de l'Awa nous donnera l'occasion de compléter ces études, autant sur les mœurs des populations que sur la constitution physique des contrées que nous avons parcourues.

Il nous restait pour remplir le programme de notre mission, aussi bien que pour satisfaire notre curiosité, à parcourir l'Awa avec l'espoir, cette fois mieux fondé, de pénétrer jusqu'aux sources de cet affluent principal du Maroni.

M. Ronmy nous avait précédés au village de Providence pour

y préparer notre prochain voyage : de notre côté, nous devions attendre à Polygoudou l'arrivée de M. Kœppler et des approvisionnements qu'on avait envoyé prendre à Saint-Louis par deux pirogues. Cette obligation, qui nous imposait un séjour plus long que nous ne l'aurions voulu, nous laissa le loisir de régler nos chronomètres ; leur marche avait sensiblement varié, comme il y avait lieu de s'y attendre, après les déplacements nombreux que nous leur avions fait subir et les chocs qu'ils avaient dû inévitablement recevoir.

Les embarcations que nous attendions arrivèrent le 25 et le 26 octobre. A ce moment, M. Van Herdt était en proie à de violents accès de fièvre dont le caractère persistant ne laissait pas que d'inquiéter M. le docteur Rech.

Malgré notre vif désir de nous remettre en route immédiatement, nous ajournâmes notre départ jusqu'au 28 octobre, espérant qu'à ce moment la maladie de M. Van Herdt aurait pris un cours qui permît de prendre une détermination à son sujet.

M. Van Herdt, qui avait sans doute puisé le germe de ces fièvres dans les nombreuses fatigues et les grands ennuis de notre précédent voyage, désirait vivement terminer avec nous une mission dont il avait partagé les premières et les plus fatigantes péripéties. Le jour arrêté arriva avant qu'une amélioration sensible se fût produite. MM. Rosenvelt, Boudet et moi nous nous mîmes en route, non sans ressentir quelques pénibles impressions, en laissant derrière nous un camarade malade, pour lequel il était sérieusement question d'un retour à Saint-Louis ou à Albina. MM. Rech et Kœppler restaient en attendant auprès de lui, le premier pour surveiller sa maladie et prendre en temps opportun une détermination à son sujet, et le second pour arranger les mouvements auxquels son départ devait donner lieu.

Quatre jours de navigation au milieu de sauts et de rapides parmi lesquels se trouve compris le passage d'Itoupoucou, nous conduisirent au village de Providence, où M. Ronmy nous attendait depuis quelques jours.

Cette première partie de l'Awa nous présentait généralement des rives peu élevées, où nous avions de la peine à trouver des lieux convenables pour nos campements. L'arrivée au village fut le signal d'un tapage assourdissant de fusillades, de chants et de clameurs, qui, quoique produites à notre honneur, étaient bien loin de nous plaire. L'accueil des Bonis nous séduisit dès l'abord par l'attitude soumise et confiante qu'ils adoptèrent ; et nous augurâmes bien des facilités que nous rencontrerions dans l'exécution de nos projets ultérieurs. Les renseignements que nous demandâmes nous furent livrés sans réserve, mais il nous fut toujours très difficile d'être édifiés sur le temps qui nous serait nécessaire pour arriver au but que nous nous proposions. Quelques Indiens Roucouyennes, attirés et conduits par M. Tollinge, se trouvaient à Providence au moment de notre passage ; nous essayâmes d'avoir avec eux des indications sur le pays qu'ils habitent. Nous cherchâmes aussi à nous pénétrer de l'esprit et des mœurs de cette population toute nouvelle pour nous, et qui sans doute avait affaire pour la première fois à des Européens. Leur langue, dont nous tentâmes de faire un vocabulaire pour les mots les plus usuels, nous parut d'une très grande pauvreté ; j'employai de vains efforts pour les faire compter jusqu'à quatre, jamais sans doute ils n'avaient été appelés à se prononcer sur une pareille idée de quantité ; ils y suppléent par leurs gestes, en comptant sur leurs mains et leurs pieds. Les mots leur manquent pour désigner et distinguer les objets offrant une certaine similitude de formes ; pour n'en citer qu'un exemple, toute bête à quatre pattes est désignée par eux sous le terme général de caïcouï : quand ils veulent préciser la nature de l'animal, ils mettent à contribution le talent qu'ils possèdent au plus haut degré d'imiter le cri de tous les animaux qui habitent comme eux les forêts. Leur nature indifférente et paresseuse d'esprit comme de corps, les prédispose à un mutisme qui donne à leurs allures un grand caractère de tristesse. A ce point de vue, ils offrent un frappant contraste avec le nègre naturellement loquace ; aussi celui-ci fait-il très peu de cas de l'Indien, qu'il regarde comme un être très inférieur à lui, et qu'il domine facilement par l'ascendant d'un naturel plus actif et plus énergique.

Dans l'après-midi du 3 novembre, nous eûmes le plaisir de voir arriver l'arrière-garde complète de notre expédition. L'état de M. Van Herdt s'était rapidement amélioré, et ces messieurs avaient pu se mettre en route trois jours après nous. Ce fut l'occasion de nouvelles fusillades et de nouvelles clameurs ; décidément, il devenait presque aussi désagréable d'être traités en libérateurs qu'en ennemis. Les Bonis se mettaient complètement à notre discrétion. M. Ronmy avait reçu d'eux, pendant notre absence, la promesse qu'ils nous suivraient en grand nombre à l'issue de notre voyage, et nous fîmes tous nos efforts pour les maintenir dans cette résolution. Ce parti pris leur était plutôt inspiré par la crainte des Youcas que par un sincère désir de venir s'établir auprès de nos possessions. Comme nous, les commissaires hollandais les exhortaient à poursuivre cette idée ; nous les fîmes réunir pour leur promettre l'aide et la protection de nos gouvernements, au cas où ils voudraient venir fonder des établissements sur l'une ou l'autre rive du Maroni, dans le voisinage des nôtres. Nous leur fîmes sentir aussi que c'était pour eux le meilleur moyen de se dérober totalement à la suggestion des nègres youcas. Ils se retirèrent satisfaits de nos propositions, et disposés à suivre nos conseils.

Providence, où réside le chef nominal plutôt que réel de la peuplade, se trouve située sur un plateau élevé de la rive gauche ; à côté se trouvent groupés trois autres villages, échelonnés sur la rive à de petites distances. Les conditions de bien-être des Bonis ne me parurent pas inférieures à celles que nous avions observées chez les Youcas ; nous remarquâmes au contraire qu'il régnait chez eux plus d'activité. L'état d'asservissement dans lequel ils ont vécu jusqu'à présent les a forcés à conserver quelques habitudes de travail ; aussi trouvions-nous plus aisément dans leur village des vivres et des provisions pour nos besoins personnels ; ils construisent fort habilement des pirogues de formes élégantes et bien travaillées.

Leur constitution généralement robuste, leur nature facile à
conduire assurerait à celui qui saurait s'emparer de leur confiance un travail sérieux et productif. Ce résultat a été à peu
près atteint par M. Tollinge, qui, après avoir consacré plusieurs
années à nouer avec eux des relations amicales, est à la veille
de recueillir le fruit de ses persévérants efforts. Le chiffre de
la population ne dépasse pas 350 âmes répandues sur six
villages. On ne peut guère compter sur ce nombre que
100 hommes valides pouvant donner un bon travail.

Notre départ de Providence avait été arrêté pour le 5 novembre. Cette fois nous étions pourvus de pirogues légères et
en bon état, chacun de nous avait choisi ses pagayeurs, et
nous pûmes nous mettre en route bien équipés, avec la certi-
tude de faire de bonnes étapes ; nous avions pu nous munir
de nos tentes que l'approche de la saison pluvieuse rendait
indispensables. La partie de la rivière que nous parcourûmes
tout d'abord était bordée de rives montueuses, on apercevait
dans l'intérieur sur la rive droite des montagnes dont j'estimai
la hauteur à 1.200 pieds. C'était sans doute à leur présence
qu'il fallut attribuer les pluies fréquentes que nous avions essuyées à Providence. Nous atteignîmes dans la journée du 5 le
village de Bonis Cormontibo, où nous plaçâmes nos tentes.
En me promenant dans le village qui était à peu près désert,
je fis la rencontre d'une vieille femme qu'on me dit être la
fille du chef boni si traîtreusement tué par les Youcas ses ennemis ; j'essayai de la faire causer sur ce sujet, et il me parut
que le souvenir de ses malheurs avait laissé de profondes
traces dans son imagination. Je lui demandai si elle n'avait
rien conservé de son père, elle me répondit qu'on lui avait
tout pris ; son frère avait été livré aussi par les blancs à ses
cruels ennemis, elle seule de toute sa famille avait été épargnée
pour son sexe et sa jeunesse. Le langage tristement résigné de
cette pauvre femme me frappa ; je ne pouvais croire à une
aussi grande sensibilité chez une négresse à demi sauvage.
Sans doute, la mémoire des premiers malheurs de sa jeunesse
a-t-elle été souvent ravivée par les récits qui ont dû survivre

longtemps à l'accomplissement de ce triste épisode d'une cruelle perfidie. On trouve encore chez le Gran-Man des Youcas un hausse-col commémoratif de cet acte, à l'aide duquel on se débarrassa d'un ennemi redouté, qui eût sans doute changé les destinées de ce peuple.

Dans la journée du 6, nous dépassâmes la crique Inini par laquelle les Bonis communiquent avec l'Approuague. La première partie de son cours se dirige à l'E.-N.-E. jusqu'à un premier saut où elle dévie en adoptant la direction de l'E.-S.-E. Le voyage pour atteindre l'Approuague se fait en onze jours ainsi distribués : quatre jours dans la crique qui devient alors très resserrée, quatre jours de voyage à pied dans les forêts habitées par les Indiens Emérillons, et trois jours de voyage dans la rivière pour atteindre l'habitation de M. Couy.

La partie de l'Awa que nous parcourions offrait une largeur de 500 mètres ; son cours était peu embarrassé ; nous n'y rencontrions que quelques barrages offrant un faible changement de niveau ; la navigation y était bien plus commode que dans le Tapanahoni. Dans la journée du 8, nous atteignîmes la crique Araoua qui communique avec l'Oyapock par le Canopi ; sa direction à l'embouchure est l'E.-S.-E., sa largeur de 60 mètres environ, l'étendue de son cours assez considérable pour permettre huit jours de canotage, s'il faut en croire les renseignements qu'on nous donna.

La journée du 9 nous conduisit à la série de sauts et rapides au milieu desquels l'Awa reçoit deux afluents appelés, par les indigènes, criques Maroni et Itani. Nous vînmes camper en longeant la rive droite à l'embouchure de l'un d'eux, et nous pûmes le soir même discerner le plus important de ces deux afluents. Celui que nous avions devant nous, improprement désigné par les indigènes sous le nom de crique Maroni, débouchait dans l'Awa par un saut et présentait une largeur d'environ 150 mètres. L'Itani, que nous atteignîmes en longeant la rive droite, offrait une largeur plus considérable. En outre, le cours de la crique Maroni s'infléchissait au S.-E., tandis que l'Itani conservait la direction générale de l'Awa au S.-S.-O.

Nous nous décidâmes donc à entrer dans cette dernière rivière qui devait nous conduire, disait-on, par un chemin facile au pays des Indiens Roucouyennes.

A ce moment, plusieurs des membres des deux commissions étaient atteints de la fièvre; le pays dans lequel nous allions entrer devenait plat, marécageux, et par suite insalubre. Les Bonis se montraient très occupés de l'état sanitaire des blancs confiés à leurs soins, et nous proposaient sérieusement de retourner sur nos pas. Aucun de nous n'avait cependant cette intention, et grâce à l'énergie morale de chacun, les santés se rétablissaient successivement sans laisser de traces de découragement, et l'expédition put continuer son cours. Dans la journée du 11, nous dépassâmes la crique Wanimari, située sur la rive gauche, se dirigeant vers l'O.-S.-O. et apportant un volume d'eau considérable à la rivière. Un peu plus loin se trouvait la crique Ouei-Foutou. Entre ces deux criques se trouve établie une tribu d'Indiens du nom d'Oyacoulets avec lesquels les Bonis ont été de tout temps en guerre. La force de ces hommes à demi sauvages jouit d'une réputation qui tient du merveilleux; nous avions pu voir à Providence un spécimen de Tamahawk, recueilli par M. Ronmy, qui nous fit attribuer quelque crédit aux récits fabuleux qu'on nous faisait sur leur compte. Ils vivent dans un état d'isolement complet, se refusant à toute espèce de relations avec les noirs comme avec les autres tribus indiennes. Aujourd'hui, les Bonis et les Oyacoulets, qui ont eu autrefois quelques engagements, s'évitent et se redoutent réciproquement au même degré. Les premiers, quand ils traversent des passages où ils courent risque de rencontrer leurs ennemis, se réunissent en force et ne se hasardent encore à les franchir que de nuit, pour ne pas être à découvert des flèches, que ces Indiens lancent, disent-ils, avec une très grande habileté; de leur côté, les Oyacoulets qui redoutent les armes à feu fuient avec panique dans l'intérieur des bois, toutes les fois qu'ils voient avancer la plus petite pirogue. Nous rencontrâmes en plusieurs points des traces fraîches de leur passage. Il ne serait pas sans intérêt de poursuivre une exploration dans la crique où ils aboutissent afin de vérifier la réalité des récits merveilleux que les Bonis font sur le compte de cette singulière race.

Le 12, nous rencontrâmes la crique Aloué, située sur la rive gauche et paraissaint prendre la direction de l'ouest. A partir de ce point, la rivière adopte un cours sinueux au milieu d'un lit étroit entouré de terres peu élevées ; son aspect est celui d'une crique. On rencontre cependant encore des sauts et des rapides, offrant toutefois peu de difficultés ; de distance en distance des traces de marécages se font remarquer jusque sur les bords.

Cinq jours d'un canotage qui durait au minimum huit heures, nous conduisirent à travers un pays peu accidenté, au village des Roucouyennes qu'on nous avait annoncé comme étant situé vers les limites navigables de la rivière. Avant d'y parvenir, nous avions fait une halte de deux heures sur un abatis de création nouvelle, où nous avions trouvé quelques carbets et deux ou trois Indiens. Nous fûmes quelque peu déçus en arrivant au village, en voyant qu'il se composait en tout de cinq cases habitées par trois familles. Nos guides nous avaient annoncé une population très nombreuse répandue dans les parages où nous étions arrivés. Le village où nous venions de planter notre tente n'avait été fondé que dans le but de faciliter les relations de commerce avec les Bonis. C'est sur ce point qu'ils viennent faire étape avant de se lancer à travers les montagnes, dans le véritable pays fréquenté par les Roucouyennes. Nous fûmes reçus d'eux sans aucune manifestation ni de crainte ni d'étonnement. Nous remarquâmes leurs formes élancées, une certaine grâce dans leur physionomie à laquelle la teinture de roucou donne du caractère. Leurs traits sont généralement réguliers, l'expression de leur figure douce, mais sans animation, leurs yeux souvent d'un bleu très clair. Leurs allures nous parurent, comme à Providence, timides et indolentes ; leur figure reflétait la tristesse et la résignation. Pendant le cours de nos relations avec eux, je ne les ai jamais vus exprimer une impression de gaieté ou de contentement :

toujours la plus grande indifférence était gravée dans leurs traits. Les Bonis, en arrivant au village, s'y installèrent tout à fait en maîtres, sans que les Indiens y trouvassent rien que de très naturel; ils se montrèrent même très hospitaliers, en mettant à leur disposition comme à la nôtre les trop faibles ressources qu'ils possédaient. La population des Indiens Roucouyennes est répandue sur un vaste espace où elle est disséminée par petits villages; nos nègres nous affirmaient que de l'autre côté des montagnes, à quatre journées de marche, on rencontrait une grande quantité de cases groupées ensemble. S'il en est ainsi, contre toutes les habitudes et toutes les obligations d'une vie presque exclusivement adonnée à la pêche et à la chasse, on ne peut expliquer ces grands centres de population que par l'existence d'un certain commerce.

Les lieux où nous étions parvenus nous rapprochaient de la limite de notre voyage; nous nous y étions arrêtés une journée pour y prendre des renseignements qui éveillaient vivement notre curiosité. Quelles étaient les montagnes qu'il fallait traverser pour aller commercer avec les Roucouyennes? Une distance de trois bonnes journées de marche sépare du village ce pays d'outre-monts. Les montagnes qu'on franchit pour y parvenir présentent une assez grande élévation; elles sont très nombreuses et très divisées; après avoir atteint les dernières crêtes on redescend, mais en restant au-dessus du niveau d'où l'on est parti. On rencontre là une végétation moins active, et très souvent de vastes savanes rocheuses; quelques criques tracent leur cours irrégulier au milieu de ces plaines étagées; et l'une d'elles, entre autres, appelée Pawouani, se jette dans la rivière Yari, un des affluents principaux des Amazones. Tels furent d'une façon générale les renseignements qu'au prix do longs efforts de conversation nous parvînmes à obtenir; nous pûmes en conclure que nous nous trouvions en face des montagnes Tumuc-Humac, derrière lesquelles on rencontrait un bassin tributaire de l'Amazone, et plus élevé que celui du Maroni. Cette chaîne de montagnes, qui parcourt les trois Guyanes en suivant une direction presque parallèle à la côte, avait été indiquée, plutôt que déterminée en position, par les voyageurs anglais et portugais qui ont exploré ces contrées. Shomburg l'avait aperçue pendant le cours de son intéressant voyage sur l'Essequebo, mais il ne l'avait pas suffisamment reconnue pour pouvoir fixer ni sa position ni sa direction. Nous trouvâmes dans les environs des lieux où nous étions parvenus un point très opportun pour lever ce doute géographique.

D'abord nous eûmes la pensée et le plus vif désir d'entreprendre un voyage par terre pour atteindre ces lieux intéressants, mais la mission qui nous était plus spécialement prescrite n'était pas encore terminée; il fallut avant tout atteindre les sources de la rivière ou se convaincre de leur position voisine. En présence du vif désir qui fut exprimé par quelques-uns d'entre nous, il fallait examiner atientivement comment se présentait l'exécution d'un pareil projet. En l'entreprenant il fallait l'admettre dans toute son étendue; pour pousser à bout les études intéressantes qu'allaient nous présenter ces lieux, un mois nous parut nécessaire; des préparatifs spéciaux pour lesquels nous n'étions pas pourvus devenaient indispensables. La saison pluvieuse avançait à grands pas, elle nous surprendrait forcément au milieu de notre voyage. La santé altérée de quelques-uns d'entre nous pouvait-elle permettre une pareille entreprise ? Là où deux voyageurs auraient pu facilement réussir, sept ne se trouveraient-ils pas arrêtés de bonne heure? Il fallait donc nous séparer presque au terme d'un voyage jusque-là heureusement accompli; sous l'empire de toutes ces considérations, nous fûmes forcés de renoncer à un voyage qui séduisait vivement notre imagination.

Dans la portion de rivière qui nous restait à parcourir on annonçait la présence d'un pic dénudé d'une belle élévation; sans doute que de son sommet nous pourrions découvrir le pays environnant, y déterminer, plus facilement que nous n'aurions pu le faire en l'atteignant, la direction de la chaîne Tumuc-Humac, et enfin examiner la constitution physique du pays que nous allions embrasser sous une large étendue. Cette heureuse coïncidence diminua les regrets que nous avait suggérés la détermination prise dans la matinée. M. Ronmy devait s'arrêter au village, ainsi que M. Boudet, auquel sa santé ne pouvait plus permetre de continuer ; tous deux ils rejoindraient le plus tôt possible Providence, pendant que MM. Van Herdt, Rosenvelt, Rech, Kœppler et moi nous allions continuer avec nos quatre pirogues jusqu'aux dernières limites. Nous reprîmes ainsi notre marche le 19 novembre.

A partir du village des Roucouyennes, l'Itani change brusquement de direction en gagnant l'ouest ; cette modification caractéristique de son cours, en même temps que la présence d'un grand nombre de criques descendant toutes du sud avec un fort courant, nous fit acquérir la conviction que les sources étaient toutes voisines. La rivière devenait, au fur et à mesure que nous avancions, plus étroite et plus sinueuse ; bientôt les obstacles se multipliaient devant nous, au point d'arrêter complètement notre marche ; des arbres déracinés barraient fréquemment la rivière à peine large de 25 à 30 mètres. Nous arrivâmes ainsi dans notre première journée en vue du piton qu'on nous avait annoncé. Rien n'est plus saisissant que cette brusque apparition à laquelle rien dans le paysage ne peut préparer. L'effet était cette fois supérieur à celui que nous avions ressenti dans le Tapanahoni, en face d'un phénomène du même genre, car la hauteur du monolithe, un peu plus enfoncé dans la forêt, atteignait environ 900 pieds. Sa forme conique présentait de nombreuses irrégularités ; certaines de ses faces offraient des coupures verticales, qui devaient former d'immenses précipices ; sur un des versants regardant au N.-O. on apercevait un sillon étroit de verdure qui paraissait atteindre jusqu'au sommet. C'était sans doute l'emplacement d'un ravin de la montagne granitique où une grêle végétation s'était implantée entre les fissures du roc ; par ce chemin nous pouvions nourrir l'espoir de cheminer jusqu'à découvrir l'horizon après lequel nous aspirions ardemment. Une crique située sur la rive gauche nous offrit un point de débarquement facile, et nous y vînmes camper, nous proposant de tenter l'escalade le lendemain matin.

Nous nous mîmes en route de bonne heure, guidés par un Indien et escortés de la plus grande partie de nos hommes, équipés pour la chasse. Après avoir cheminé à travers des collines, avoir traversé quelques pinotières marécageuses, nous atteignîmes rapidement au pied de la montagne. La végétation y était encore complète au voisinage de la base; on apercevait presque au-dessus de nos têtes la cime dénudée d'où le rocher se précipitait verticalement; bientôt nous rencontrâmes le ravin où étaient jetés pêle-mêle d'énormes blocs de granit; nous le suivîmes quelques instants, et, grâce aux appuis qu'il offrait à nos pieds et à nos mains, nous pouvions gravir sans difficulté; il ne tarda pas à nous faire défaut. A peine étions-nous élevés de 250 pieds, que le roc se présenta à peu près nu; les racines dénudées de quelques orchidées offraient de loin en loin à nos mains un point d'appui qui cédait quelquefois sous nos efforts; nous arrivâmes cependant à quatre pattes et rampant sur le roc jusqu'à un petit plateau qui nous offrait, à l'ombre de quelques larges feuilles d'une espèce particulière d'orchidées, un point d'étape et d'observations commode. En ce moment MM. Van Herdt, Rech et moi étions seuls arrivés, sous la conduite habile de notre Indien; MM. Rosenvelt et Kœppler avaient pris un autre chemin qui les avait retardés. Nous entendions quelques détonations d'armes à feu qui nous signalaient leur proximité; notre voix, qui résonnait facilement au milieu de ces imposantes solitudes, les appelait auprès de nous, en leur annonçant le spectacle de l'immense horizon qui se déroulait dès à présent devant nos yeux émerveillés.

Le temps était clair; jusqu'à une distance de 30 à 35 milles, notre vue portait de l'E. au S.-O. sur des montagnes aux formes les plus pittoresques et les plus variées; la teinte des divers plans, qui s'étageaient jusqu'à l'horizon, offrait une gradation de couleurs passant du vert sombre à un bleu vaporeux; de nombreux pitons se faisaient remarquer par leur bizarre enchevêtrement, quelques-uns d'entre eux paraissaient tout à fait dénudés; un sommet, qui dominait tous les autres, adoptait les formes arrondies d'une vaste coupole, couronnant des crêtes qui dessinaient en avant de lui les lignes les plus irrégulières.

Nous étions bien en face de la chaîne des Tumuc-Humac, son étendue comme sa physionomie l'indiquaient clairement. Nous nous appliquâmes à étudier sa direction par des relèvements et des appréciations de distance; du S. au S.-O. les sommets allaient en se rapprochant et nous en conclûmes qu'elle courait E.-S.-E.-O.-N.-O. Du S. à l'E. les derniers plans ne s'éloignaient pas avec une rapide progression, nous faisant ainsi voir que de ce côté la chaîne reprend une direction vers l'est, en s'infléchissant sensiblement vers le nord. Les distances des derniers pitons du côté du sud nous parurent être de 25 à 30 milles; nous nous trouvions placés en ce moment par 2° 27' de latitude ; la chaîne s'étendait donc entre 2° et 1° 50.

Après avoir pris un croquis complet de cette vue, nous songeâmes à quitter ces lieux pour ne pas y être surpris par la pluie qui se préparait; MM. Rosenvelt et Kœppler avaient eu le temps de nous rejoindre après avoir traversé des passages plus longs et plus difficiles ; les détonations que nous avions entendues de leur côté avaient été provoquées par la rencontre d'un magnifique tigre ; l'animal, troublé dans sa solitude, s'était retiré impassible devant leurs attaques, se dérobant à leur poursuite au milieu des ravins caverneux qui font de ces lieux d'admirables repaires de bêtes fauves.

Rentrés au camp vers trois heures et demie du soir, nous arrêtâmes que MM. Van Herdt et Rosenvelt continueraient le lendemain l'exploration de la rivière qui devait avoir un terme très prochain, pendant que MM. Kœppler, Rech et moi, nous renouvellerions l'excursion de la montagne avec la ferme intention d'atteindre jusqu'à son sommet.

Le lendemain matin, 21 novembre, ces messieurs partirent dans leur pirogue vers six heures, et nous nous mîmes en route de notre côté à neuf heures. Il avait été convenu que ces messieurs allumeraient un feu au point où ils se trouveraient arrêtés, afin que, du sommet que nous aurions atteint, nous puissions discerner le lit de la rivière. Notre escalade, commencée vers 11 heures, ne fut terminée que vers 1 heure 1/2 de l'après-midi ; nous rencontrâmes au sommet un plateau boisé dont nous contournions la lisière, laissant ainsi sur notre gauche, à quelques pas de nous, d'énormes précipices sur lesquels se penchaient de loin en loin quelques arbustes. M. Kœppler et moi admirions la hardiesse de l'Indien roucouyenne, contemplant impassible l'abîme dont il nous faisait mesurer la profondeur en jetant des pierres dont la chute retentissait à nos oreilles plusieurs secondes après leur abandon dans l'espace. Nous pûmes ainsi au prix de quelques émotions embrasser l'horizon sur un angle de 290 degrés du N.-E. au N.-O. en passant par le sud. La chaîne des Tumuc-Humac suivait une direction générale est et ouest, elle s'étendait sur une grande profondeur que je n'appréciai pas moindre de 20 à 25 milles ; ses derniers contreforts venaient aboutir jusqu'à une distance de 8 à 10 milles du lit de la rivière ; ses sommets les plus élevés atteignaient au moins 3.000 pieds.

Du S.-O. au N.-O., une succession non interrompue de pitons qui se rapprochaient graduellement de nous, au fur et à mesure que leurs relèvements s'avançaient vers le nord, indiquait la présence d'une nouvelle chaîne. Celle-ci, après avoir coupé presque perpendiculairement les Tumuc-Humac, dont on voyait se dessiner quelques crêtes dans le lointain, se dirigeait vers le nord en s'infléchissant légèrement vers l'ouest.

Le sommet que nous avions atteint n'était lui-même qu'un des nombreux contreforts détachés en avant de la chaîne du côté de son versant oriental. Il était impossible de se méprendre sur le caractère volcanique des sites accidentés que nous embrassions sous nos regards. Deux forces souterraines, l'une soulevant de l'ouest à l'est le Tumuc-Humac, pendant que l'autre faisait surgir du sud au nord cette nouvelle chaîne, s'étaient trouvées en présence dans ces parages, où elles

avaient entassé sans aucune apparence d'ordre ni de direction
une grande quantité de mornes et de pitons abrupts qui s'éten-
daient tout autour de notre horizon. Leurs efforts combinés,
et en partie amortis par leur choc sur ce point, avaient constitué la pente générale du bassin où s'écoule le Maroni. Celui-ci
se trouvait ainsi limité dans son parcours du côté de l'ouest
comme du côté du sud, et devait prendre ses sources dans le
voisinage du point que nous avions atteint.

Les criques Wanimari, Ouei-Foutou, Aloué, que nous avions
rencontrées sur la rive gauche, devaient aussi puiser leur
alimentation au milieu des ramifications que cette seconde
chaîne détache dans la direction du N.-E. Le Tapanahoni lui-
même, que nous avons vu se diriger vers le S.-O., au moment
où nous l'avons quitté, doit se nourrir aussi des eaux
recueillies dans ces montagnes, que nous désignerons sous le
nom de chaîne des sources, pour caractériser le rôle important
qu'elles remplissent dans la formation du fleuve Maroni.

Nous avions cherché en vain à apercevoir le feu que ces
messieurs avaient dû allumer du côté de l'O. 1/4 S.-O. et j'avais
occupé mon temps à tracer les croquis des profils qui se présentaient devant moi.

En arrivant au camp, vers 5 heures 45 min., nous trouvâmes
MM. Van Herdt et Rosenvelt qui y étaient de retour depuis
deux heures. Les obstacles s'étaient multipliés devant eux à un
tel point, qu'il leur avait été impossible de continuer leur route;
après avoir employé inutilement la hache pour se frayer un
passage à travers les arbres morts qui barraient fréquemment
la rivière, ils avaient dû renoncer à continuer plus avant. La
physionomie qu'adoptait le cours de la rivière depuis le village
des Roucouyennes, son inflexion vers le N.-O. indiquaient suffisamment le voisinage de ses sources, et la chaîne de montagnes
que je venais de déterminer confirmait complètement cette
appréciation.

Nous jugeâmes à ce point notre mission terminée, rien ne
nous retenait plus sur ces lieux, et nous nous mîmes en demeure d'effectuer dès le lendemain notre retour vers le point

de départ. La santé altérée de quelques-uns des membres des deux commissions nous imposait cette résolution comme un devoir de camaraderie, et nous fîmes tous nos efforts pour accélérer notre marché descendante.

Au terme de notre voyage, je regrettai vivement que les circonstances dans lesquelles nous nous étions trouvés placés ne pussent pas nous permettre de traverser le Tumuc-Humac pour étudier de l'autre côté le bassin des Amazones. Cette excursion, qui présenterait le plus vif intérêt, pourrait s'exécuter sans grandes difficultés, et ne demanderait pas plus de deux mois au terme desquels on parviendrait, après avoir parcouru un pays complètement inexploré, à atteindre les Amazones par la crique Pawouani et la rivière Yari.

Pendant le cours de notre marche rapide pour redescendre la rivière, nous dûmes faire une halte de 48 heures au village de Providence, pour y changer nos équipages et tenter même d'entraîner à notre suite les Bonis qui avaient, on se le rappelle, manifesté cette intention. Je pus m'assurer des difficultés qu'une pareille résolution de leur part devait présenter. Pour triompher de ce sentiment d'attachement au sol, très vivace chez les nègres, il eût fallu une série de relations bienveillantes appliquées à gagner leur complète confiance. Il nous fut facile de nous apercevoir de leurs pénibles hésitations, en présence de cette idée d'une émigration qui se présente hérissée de dangers à leur esprit timide, soupçonneux et peu entreprenant. Nous ne tentâmes pas de nouveaux efforts dans ce sens, leur laissant toute liberté d'action ultérieure pour prendre la détermination qu'ils jugeraient la plus avantageuse.

Le 29 novembre, au matin, nous quittâmes ce village pour redescendre à Saint-Louis, où nous arrivâmes le 3 décembre au soir. Notre voyage s'était exécuté en quatre-vingt-six jours, pendant lesquels nous avions parcouru dans le Maroni, le Tapanahoni et l'Awa une distance d'environ 450 milles marins. Sur ces 86 journées, 21 avaient été consacrées à des stations sur des points centraux, et 65 à un canotage qui ne durait pas moins de huit heures par jour.

A ce récit historique, dans lequel j'ai dû quelquefois introduire des observations qui s'y trouvaient naturellement amenées, et qui rentraient dans le cadre des études confiées aux autres membres de la commission, je crois utile de joindre quelques considérations générales qui en complèteront l'intérêt. J'aurai recours pour cette rapide exposition aux rapports spéciaux de mes collègues, MM. Rech, Boudet et Ronmy.

ÉTUDES HYDROGRAPHIQUES

La direction générale du Maroni en prenant l'Awa comme affluent principal est environ le S. 1/4 S.-O. La navigation n'y est praticable pour les bâtiments que jusqu'à l'Ile Blacaret, et encore présente-t-elle de très sérieuses difficultés dès le pénitencier de Saint-Laurent.

A partir du saut Hermina les pirogues seules peuvent le parcourir. Si l'on considère la position de ce saut par rapport à l'étendue entière du fleuve, on reconnaît que celui-ci n'est praticable que dans un huitième de son parcours. Jusqu'à Hermina il sera toujours facile de conduire les embarcations calant jusqu'à trois pieds. Plusieurs criques dont trois offrant une certaine importance, savoir : Siparini, Sacoura, Hermina, se trouvent placées sur la rive gauche en avant de ce premier obstacle, offrant ainsi une certaine facilité pour l'exploitation des bois intérieurs. Les terrains, tout alluvionnaires à partir de l'embouchure, cessent d'offrir cet aspect dès le village des Portugais.

A partir de ce point, la physionomie générale du pays baigné par le Maroni devient montueuse, les rives y sont élevées dans la plus grande partie de son cours. Les effets de la marée atteignent jusqu'au saut Hermina, dont l'aspect se modifie sensiblement à chaque mouvement de flux et de reflux.

Le niveau des eaux y varie dans de grandes proportions dans chacune des deux saisons de ces climats, saison sèche et saison pluvieuse ; ces variations sont de plus en plus sensibles à mesure qu'on se rapproche davantage des sources. Le mouvement de dépression, qui atteint jusqu'à quatre et cinq mètres dans les bassins supérieurs, ne dépasse pas deux mètres dans les bassins inférieurs. La crue des eaux commence vers le mois de décembre et se continue pendant tout le cours de la saison pluvieuse qui est, comme on le sait, fort longue sous ces latitudes. La rapide débâcle de ces immenses volumes d'eau accumulés pendant cinq mois de pluies presque continuelles, commence dès le mois de mai et se continue jusqu'en juillet. A cette époque, au dire des indigènes, les courants atteignent une telle rapidité, que toute navigation leur est interdite; le niveau des eaux continue à baisser jusqu'à fin septembre, mais par un mouvement lent et du reste très irrégulier.

Octobre et novembre sont les deux mois de stagnation, pendant lesquels le fleuve débite à peu près la même quantité d'eau qu'il reçoit de ses sources naturelles.

Nous nous étions ainsi trouvés entreprendre notre voyage à l'époque où le niveau est le plus bas de l'année, à l'époque aussi où les courants sont le moins sensibles et où le fleuve est rentré dans son régime normal. Cependant, malgré les avantages que présentait le choix d'une pareille époque, l'expérience m'a prouvé que le mois d'août serait encore mieux indiqué pour le moment d'entrée en campagne.

Plus éloigné de l'époque des grandes pluies, et placé aussi à un intervalle de temps suffisant des mois de la grande débâcle, il donnerait plus de marge pour poursuivre le voyage. Déjà vers la fin de novembre les pluies avaient été assez fréquentes pour rendre l'entreprise pénible et difficile, et nous n'avions eu que quatre-vingt-dix jours devant nous, pour remplir une mission qui aurait nécessité six mois pour être tout à fait complétée. L'exploration des criques n'a pas pu être entreprise, elle offrait cependant le plus grand intérêt, puisque c'est par elles surtout qu'on peut aboutir aux nombreuses tribus indiennes, répandues dans l'intérieur des Guyanes, et qui se sont fixées à dessein sur les bords de ces cours d'eau étroits, dont l'accès n'est possible qu'à certaines époques.

C'est au moment où les crues commencent que les nègres
Bosh ont l'habitude d'y pénétrer ; ils n'ont alors à lutter que
contre un très faible courant, et ils peuvent aussi les parcourir
sur une plus longue étendue. Si l'on veut entrer en relation
avec les Indiens, rechercher quelques résultats pratiques et
compléter en même temps les études géographiques et géolo-
giques de ces contrées, c'est de ce côté qu'il faudra diriger ses
investigations.

Je ne fixe pas à moins de deux années le temps nécessaire
à l'exploration de ces nombreuses criques qui alimentent le
Maroni.

ÉTUDES GÉOLOGIQUES ET MINÉRALOGIQUES (1)

La croûte entière du terrain baigné par le Maroni est exclusivement formée par des roches de l'âge primitif, granits
compacts, amphiboles, quartz diversement colorés et de loin
en loin quelques roches feldspathiques-schisteuses. On rencontre quelquefois sur les bords du fleuve, et au milieu de son
lit, des poudingues terreux de formation récente. Les alluvions
d'argile et de sable qui recouvrent la croûte primitive n'atteignent jamais de grandes épaisseurs. Quelques îles sablonneuses se trouvent aujourd'hui en formation, plus particulièrement dans les parages où se font remarquer les sauts. Le
terrain va en s'élevant du N.-N.-E. au S.-S.-O., formant une
série d'étages qui constituent les sauts. La matière ignée s'est
ainsi déposée par tables successives, selon les lois de la formation trachytique. Des bouleversements ultérieurs sont venus,
sans doute, soulever par-dessus cette première couche des
blocs de rochers, des mornes isolés, adoptant la forme mame-
lonnée qui caractérise les granits.

Il serait inutile de rechercher, dans un pays aussi unifor-
mément primitif dans sa formation, d'autres minéraux que
quelques pierres précieuses qui s'y trouvent sans doute mé-

(1) Extrait du rapport de M. Boudet.

langées avec le granit. La matière aurifère, que nous n'avons pas eu le loisir de rechercher, doit s'y rencontrer certainement, surtout dans l'intérieur des criques qui avoisinent les sources de l'Awa. Celles-ci descendent en effet, par une pente assez rapide, de la chaîne granitique de Tumuc-Humac et doivent avoir déposé sur quelques points de leurs parcours les parcelles du précieux métal, arrachées des flancs de la montagne. Je ne doute pas que si nos efforts s'étaient dirigés de ce côté, et si le temps avait pu nous en laisser le loisir, nous ne fussions arrivés à en découvrir certains gisements. M. Boudet, après avoir étudié dans leur composition les spécimens de roches qu'il avait recueillis pendant le cours du voyage, n'hésite pas à se prononcer contre tout espoir de rencontrer dans ces pays des terrains houillers ou calcaires, comme on avait voulu le prétendre, sur la foi de quelques fausses indications. J'ai déjà eu l'occasion d'indiquer l'impossibilité de tout travail topographique au milieu de ces contrées, envahies par les forêts vierges. Cependant M. Boudet put, en y consacrant plusieurs journées, faire un levé topographique du saut de Gran-Holo, et il constata pour celui-ci une pente de 10^m, 80 sur une étendue de parcours de 250 mètres.

POPULATIONS INDIENNES (1)

Outre les populations de nègres, dont nous avons suffisamment traité, plusieurs tribus indiennes, réellement indigènes de ces contrées, sont établies sur les criques tributaires du Maroni.

Ce sont : les Émérillons, entre le Maroni et l'Approuague, à la hauteur de la crique Inini ; les Trios, sur les bords du haut Tapanahoni et dans les criques voisines ; les Oyacoulets, entre les criques Wanimari et Ouei-Foutou, formant une tribu peu nombreuse ; les Armichaux, dans le haut de la crique Arona ; les Roucouyennes, des deux côtés des montagnes Tumuc-

(1) Extrait du rapport de M. Ronmy.

Humac, limités à l'est par la crique Maroni et à l'ouest par la chaîne des sources qui les sépare des Coumouyennes leurs anciens ennemis. Toutes ces tribus vivent isolées et presque en défiance les unes vis-à-vis des autres ; il n'est pas rare de voir deux nations voisines se mettre en hostilité pour la moindre contestation. Une simple incursion d'une tribu chez la tribu voisine amène ce résultat ; la guerre devient alors une longue lutte de haine et de vengeance, qui ne s'éteint qu'après l'humiliation complète d'une des parties belligérantes. La forêt inculte constitue leur domaine, dont ils se montrent facilement jaloux ; c'est au milieu de ces solitudes qu'ils passent leur vie dans le calme et l'oisiveté, adonnés principalement à la chasse à l'arc et aux soins d'une culture très restreinte. Leur vie est en partie nomade, ils se déplacent par familles, quand les terrains épuisés ne leur offrent plus de ressources suffisantes pour les besoins d'une alimentation du reste fort simple. Leurs mœurs sont généralement douces, et leurs relations intérieures tout à fait patriarcales. Ils possèdent au plus haut point le goût de l'indépendance, la vie des forêts convient seule à leur nature, et ils tombent facilement dans la langueur quand ils s'en trouvent éloignés par quelques obligations.

Les pratiques de leur religion sont à peu près nulles ; ce qu'il y a de plus saillant dans leur foi, c'est qu'ils reconnaissent l'existence d'un esprit du mal, contre lequel ils emploient toutes sortes de conjurations. Les sorciers ou faiseurs de pyaïes y sont très communs, très accrédités, et jouent chez eux le double rôle de prêtres et de médecins. Indolents d'esprit et de corps, ils consument la plus grande partie de leur vie dans une rêveuse oisiveté ; ils sont très peu communicatifs, très peu accessibles aux impressions extérieures, et par suite leurs allures paraissent un peu sournoises. Cependant, malgré leur indolence extérieure, on leur attribue des passions extrêmes. Quand la haine s'est introduite chez ces natures sauvages, elle y allume une cruauté qui ne connaît aucune borne. Quoique doués ordinairement d'une grande sobriété, ils se livrent sans réserve à l'ivresse la plus complète, toutes les fois que l'occasion s'en présente.

La polygamie est une de leurs coutumes, et les unions se font toujours entre parents même au second degré de consanguinité. La femme a dans le ménage un rôle tout à fait inférieur; les travaux les plus pénibles lui sont généralement dévolus.

En résumé leur nature, malheureusement endormie aujourd'hui, offre certaines ressources qu'il serait peut-être possible de réveiller, en nouant avec eux des relations solides et basées sur un esprit de justice et de bienveillance ; ils sont intelligents et très sensibles aux témoignages d'un solide intérêt. Si l'on songe aux premiers établissements des Européens dans les Guyanes, et aux traitements qu'ils y firent subir aux indigènes; on comprendra que ceux-ci aient conservé dans leur esprit un souvenir peu agréable de cette époque, et qu'ils se montrent par suite défiants et craintifs pour engager de nouvelles relations. Des tentatives souvent réitérées et appliquées à leur faire connaître nos intentions bienveillantes, pourraient sans doute amener ce bon résultat d'attirer à nous ces populations, qui deviendraient une précieuse ressource pour l'avenir de nos contrées de la Guyane. Pour résoudre ce problème du côté du Maroni, on aurait à lutter contre les nègres Bosh, qui se sont établis en intermédiaires entre les Indiens et nous, et qui feront tous leurs efforts pour mettre obstacle à nos projets dans ce sens.

HISTOIRE NATURELLE (1)

Parmi les sujets d'intérêt que devait fournir notre voyage d'exploration, l'histoire naturelle se plaçait en première ligne. Cette partie avait été confiée à M. le docteur Rech, chirurgien de la marine.

Malgré l'obligation dans laquelle il se trouvait placé, en sa qualité de seul médecin de l'expédition, de suivre notre

(1) Extrait du rapport de M. Rech.

marche, plutôt réglée par les travaux hydrographiques que par les exigences toutes différentes de ses recherches spéciales, M. Rech put cependant, en y apportant un zèle et une attention constants, recueillir une riche collection de plantes, en même temps que les documents d'histoire natuelle dont voici l'exposé.

ZOOLOGIE. — Cette partie de l'histoire naturelle ne nous ayant offert que des animaux généralement connus, il me suffira de les énumérer.

Mammifères. — Les singes sont nombreux et variés. Les sapajous, les tamarins, les singes hurleurs et les coiatas peuplent les bois. Je ne puis passer sous silence une variété fort curieuse et très rare : c'est un singe à queue non prenante ; les mains qui terminent les membres supérieurs n'ont pas le pouce opposable aux autres doigts ; le dos et les épaules sont d'une couleur jaune cendré, les membres sont noirs ainsi que la queue qui est garnie de longs poils ; elle ressemble à celle des maman-guiman ; les organes génitaux sont blancs. La face est noire et présente une barbe de même couleur, épaisse, longue de plusieurs centimètres, taillée en forme de collier ; une raie qui semble due à la main d'un habile coiffeur, partage les poils de la tête en deux touffes égales, très épaisses, et vient se terminer à la naissance du cou en arrière. La femelle offre les même caractères, mais moins saillants. Ce singe, dont j'ai pu rapporter un spécimen de chacun des deux sexes, est appelé *iaquibrito* par les Bosh et *couchio* par les Portugais.

Parmi les autres animaux, je citerai les tigres qui sont très communs, les biches, les capiaïes, les agoutis, les pacas, les patiras, les coachi-coachi et les loutres.

La race canine n'étant pas connue en Amérique, j'ai cherché à savoir quelle était l'origine des chiens de chasse dressés si habilement par les Indiens Roucouyennes. Provenaient-ils des chiens domestiques, abandonnés lors de la conquête de l'Amérique et redevenus sauvages au milieu des pampas ? ou bien venaient-ils des Portugais, avec lesquels les Indiens sont en relation par la rivière Yari? Malgré l'insuffisance des renseignements que j'ai obtenus, je suis porté à admettre cette dernière hypothèse.

Oiseaux. — Les oiseaux sont peu variés : hoccos, agamis, marails, canards sauvages, poules d'eau, cougouris, ibis, perdrix, honorés, cotingas, anhingas, toucans, aras, perruches, pagani, aiglons.

Quelle est l'origine de cette variété de poules qu'on remarque chez les Indiens, variété qui ne présente ni crête, ni caroncule, mais une touffe de plumes sur la tête? Je ne fais que poser la question, sans chercher à l'éclaircir.

Reptiles. — Caïmans et couleuvres, animaux sacrés pour les Bosh; les iguanes, les tortues terrestres et fluviatiles sont en grand nombre; j'ai rapporté quelques rainettes et un serpent fort curieux.

Poissons. — Je n'ai vu que des coumaroux, des aïmaras, counamis, carpes et pirayes.

Conchyliogie. — Les ampullaires et les melanies sont les seules coquilles que j'aie trouvées, toujours fortement mutilées; ce qui s'explique par l'état torrentueux de la rivière.

BOTANIQUE. — Cette partie est certainement la plus riche et la plus intéressante de l'histoire natuelle des Guyanes. Quoique j'aie dû me contenter le plus souvent de la flore des rives du Maroni, j'ai pu recueillir un herbier composé de quelques milliers de plantes, la plupart intéressantes pour les botanistes. Malgré l'excessive humidité qui règne dans les bois, fléau redoutable contre lequel le naturaliste doit se prémunir sans cesse, je suis parvenu, grâce à des soins incessants, à les rapporter dans un état de parfaite conservation.

Parmi les principales familles que j'ai rencontrées, je citerai :

Les Mimosées, les Papilionacées, les Térébinthacées, les Cartacées, les Passiflores, les Myrtacées, les Laurinées, les Euphorbiacées, les Rubiacées, les Ébénacées, les Conifères, les Sapotacées, les Mélastonacées, les Convolvulacées, les Gra-

minées arborescentes, les Aroïdées, les Orchidées et les
Palmiers.

Citons encore quelques familles caractéristiques, parce que
dans leurs espèces se trouvent surtout des lianes très curieuses,
telles sont : les Sapindacées, les Apocynées, les Ménisper-
macées, les Asphiadacées, les Bignoniacées et les Malpi-
ghiacées.

Parmi les nombreuses fougères que j'ai trouvées, une seule
était arborescente, elle était située au bord du saut Alaman-
de-Daoun.

Je citerai, comme remarquable, la présence près de Piquet,
à plus de cent milles de la mer, de quelques palétuviers blancs
(*Risophora Mangle.*)

Le *Mourera fluviatilis* croît en abondance dans tous les
rapides où la roche est alternativement baignée et desséchée
dans les diverses saisons de l'année ; je l'ai trouvé en fleur au
mois de septembre et en fructification au mois de novembre.

Toutes les îles granitiques agglomérées dans le voisinage
des sauts sont peuplées de Wapas, arbre qui, en outre de son
bois, fournit une huile combustible ; les îles sablonneuses
n'offrent plus que des Aouaras, palmiers dont les graines donnent une huile combustible, médicinale et comestible. On y
trouve également le Cacaoyer et le Goyavier sauvages, le
grand Panacoco ou bois de fer, avec lequel les Indiens confec-
tionnent leurs arcs ; un peu plus loin, le *Saccharum sagittale*
leur fournira des flèches.

Parmi les arbres que j'ai rencontrés sur les rives du fleuve,
je citerai ceux qui ont quelque importance :

Le Carapa, arbre très commun dans les forêts ; de son
amande les Indiens retirent une huile épaisse et amère, dont
ils s'enduisent le corps, après l'avoir mélangée avec une
teinture de roucou. Ils se préservent ainsi des piqûres de ma-
ringouins et de chiques, ainsi que de l'ardeur du soleil et de
l'humidité des bois. Les Bosh font macérer son écorce et s'en
servent contre certaines affections de l'abdomen.

Le Courimari est un fort bel arbre qui atteint de grandes

dimensions ; de ses arcabas les Indiens retirent des pagaies flexibles. L'écorce est composée de couches multiples formant un tout compact : les indigènes la détachent de l'arbre par bandes longitudinales, et, au moyen du battage, isolent les différentes couches en feuillets minces dont ils se servent pour envelopper leur tabac, en forme de cigarettes.

Le Quatelé-Zabuccaïe se trouve en grande quantité ; il produit le fruit connu à Cayenne sous le nom de Canari-Macaque, fruit dont les singes sont si friands. On extrait de ses amandes une huile combustible, qui fait l'objet d'un commerce important entre le Brésil et l'Angleterre.

Citons encore comme assez communs le Quassia-Amara, la Vanille, le bois Canelle, le Simarouba, le Gayac, le Coupy, le Préfontaine, le Fromager (arbre sacré chez les Bosh), le Grignon, le Boisviolet, le Cèdre jaune, l'Ébène vert.

Le Genipa croît en grande abondance sur toute la rive ; les Indiens retirent du fruit de cet arbre une teinture noire, avec laquelle ils font des dessins sur le corps. Sa racine est employée à Cayenne contre le pian.

Le Conami est un arbuste dont les Bosh emploient les feuilles pilées pour enivrer le poisson, en en répandant une certaine quantité dans les bassins où le courant est à peine sensible.

Le Robinia-Nicou est une liane dont le bois sert au même usage. Son action est très énergique pour produire cet effet d'enivrement. Il suffit d'en jeter quelques morceaux réduits en copeaux, pour amener à la surface des eaux tous les poissons qui traversent les parages où on les a répandus. Le poisson ainsi pêché n'est en aucune façon nuisible.

Le Mani, peu commun dans les forêts, produit une résine qui tient lieu aux indigènes de brai pour calfater leurs pirogues.

L'Uiguier-Chipas ou arbre à encens est très abondant ; sa résine, qui développe en brûlant une agréable odeur, est très employée par les Bosh pour l'éclairage et l'allumage des feux. Cette substance est connue sous le nom de Youca-Money (monnaie des Youcas).

L'Acajou, si commun à Mana et dans l'Oyapock, est très rare

au Maroni ; on trouve le balata (Caoutchouc, *Hevea Guyan-nensis,* seringat des Portugais), mais il n'est jamais en famille, ce qui rend son exploitation industrielle très difficile et peu avantageuse.

Le Courbaril n'est pas rare, c'est un arbre résineux dont l'écorce prend facilement feu ; il fournit une belle gomme-résine jaune, transparente, qui s'emploie sous le nom de vernis copal. C'est aussi un beau bois d'ébénisterie.

Le Copahu est excessivement commun ; il se rencontre dès le saut Hermina et devient plus abondant à mesure qu'on remonte le cours du fleuve ; il ne croît pas dans les terrains marécageux.

J'ai recueilli chez les Bosh une essence limpide, parfaitement transparente, dont l'odeur et la saveur se rapprochent absolument de celle du camphre ; elle est inflammable comme l'alcool, elle brûle avec une flamme blanche, qui donne une épaisse fumée et laisse un résidu noir et onctueux. Les habitants l'emploient contre les rhumatismes et la désignent sous le nom de *Ouatra Bamba* (eau du Bamba). Je crois que ce produit mérite une attention particulière. L'industrie et la médecine pourraient peut-être en tirer quelque parti. Je n'ai pu m'en procurer que 150 grammes.

CULTURES. — Les cultures auxquelles les Bosh se livrent sont toutes vivrières et ne laissent rien à désirer sous le rapport de la qualité :

Manioc. — Cette plante présente des dimensions vraiment remarquables ; elle atteint toujours une hauteur de 8 à 10 pieds, donne des tubercules qui dépassent de beaucoup en volume celui qu'on cultive à Cayenne. Nous citerons dans le même genre le Comanioc, la Tayove et la Racauve.

Ignames. — Deux variétés : l'igname blanche et l'igname violette ou indienne.

Riz. — Les grains en sont gros et d'une blancheur remarquable ; nous avons pu aprécier ses bonnes qualités, car il fut avec l'igname le pain quotidien de la commission mixte.

Patates. — Elles n'offrent rien de remarquable.

Maïs. — Il se cultive en petite quantité.

Canne à sucre. — Les nègres la cultivent dans tous leurs abatis, pour en faire une boisson enivrante.

Légumes. — Nous citerons le pois d'Angola ou du Congo, les fèves et les haricots, la Mari-Jane, le calalon, la banane, la bacauve, le melon d'eau, et quelques variétés de piment.

Fruits. — Orangers, citronniers, papayers, corossoliers, manguiers et l'arbre qui donne la pomme d'acajou.

La pistache est cultivée en assez grande quantité; elle est plus grosse que celle du Sénégal.

Les caféiers donnent une graine d'une grosseur remarquable; je ne les y ai trouvés qu'en terre haute.

Le roucou et l'indigo y prospèrent fort bien.

Coton. — Il est de belle qualité à longue soie; les Indiens le cultivent en abondance et ils en tissent de jolis hamacs.

Tabac. — On en rencontre quelques plants, mais comme les Bosh n'en connaissent pas la préparation, la culture n'en est pas répandue. Les spécimens que j'y ai vus avaient une fort belle apparence.

MALADIES. — Dans ses études sur ce sujet, M. Rech énumère toutes les maladies qu'il a constatées et quelquefois traitées chez les indigènes. En arrivant chez les Roucouyennes, il remarqua un d'entre eux amputé du bras gauche. Sur le désir qu'il exprima de connaître à l'aide de quel procédé on avait pu arrêter l'hémorragie artérielle, l'Indien lui répondit qu'on s'était servi d'une plante qui croît dans les forêts. Excité par les promesses qu'on lui fit, il promit d'en montrer des spécimens, et s'engagea même, dans le courant d'une longue conversation, à procurer à M. Rech un peu de wourali, ce poison subtil à l'aide duquel ils empoisonnent les flèches et quelquefois les personnes dont ils veulent se débarrasser sûrement. Ils désignent cette substance sous le nom de païla. Malheureusement, il n'y avait pas lieu d'ajouter une grande foi dans ces promesses, et le peu de temps que nous passâmes sur ce point ne permit pas à M. Rech de renouveler assez les insistances, pour obtenir cette curieuse composition, dont la recherche a déjà provoqué plusieurs missions spéciales.

MÉTÉOROLOGIE. — L'examen des tableaux journaliers de la température, que M. Rech prenait cinq fois par jour, a donné un résultat moyen de 26° 60 centigrades, pendant qu'aux mêmes époques à Cayenne la température moyenne avait atteint 28° 40 centigrades. Il est facile de se rendre compte de ce résultat, en faisant entrer en considération ces deux données, le séjour sur un fleuve et l'épais rideau des forêts qui rafraîchissaient considérablement la température. Aucun phénomène météorologique n'avait attiré notre attention. La déclinaison de l'aiguille aimantée avait atteint jusqu'à 1° 30 N.-E.

Après avoir envisagé l'état sanitaire du personnel de l'expédition, M. Rech n'hésite pas à conclure en faveur du Maroni, en lui attribuant un climat salubre.

FIN

Bar-le-Duc — Typ. L. PHILIPONA et Ce. — 1347